이 책은 책 쓰기로
돈 버는 방법에 관한 이야기

이 책은 책 쓰기로 돈 버는 방법에 관한 이야기

김태광(김도사) 지음

매일경제신문사

많은 사람이 가난에서 벗어나기 위해 나를 찾아오고 있다. 그들이 살아온 환경, 직업, 나이, 외모는 다 다르지만 한 가지 공통점이 있다. 시궁창 같은 인생에서 탈출하고 싶어 한다는 것이다. 매일 해야 하는 돈 걱정과 내일에 대한 불안감에서 벗어나고 싶어 한다는 것이다. 그러기 위해 누구보다도 치열하게 독서를 하고 자기계발을 하기도 한다. 여러 온라인 강의 플랫폼의 강좌를 수강하고, 대학원에서 석사, 박사학위를 취득하기도 한다. 심지어 가난에서 벗어나기 위해 마음 수련이나 명상을 택한 사람들도 많다. 그런데도 잠시 마음의 안정을 찾았을 뿐 현실은 조금도 달라지지 않았다고 한다.

아직도 자신의 위치를 지키면서 열심히만 살면 잘살게 되리라고 믿는 사람들이 많다. 물론 SNS, 인터넷 개인 방송, 유튜브가 등장하기 전까지는 정말 묵묵히 열심히만 살면 자신의 분야에서 어느 정도 인정받을 수 있었다. 그러나 지금 이 시대는 그렇지 않다. 이제는 돈 버는 규

칙이 바뀌었다. 성공 전략 없이 열심히만 사는 사람은 생각 없이 사는 사람과 다를 바 없다. 시간만 낭비하고 있는 셈이다. 과거의 나 역시 돈 버는 규칙을 알지 못해 숱한 시행착오를 겪어야 했다.

고백하자면, 우리 집은 내가 24세 때까지 기초생활수급자 가정이었다. 나는 초·중·고등학교 시절 성적이 바닥이었다. 그 탓에 내 성적으로 갈 수 있는 대학이 거의 없었다. 울며 겨자 먹기로 원서만 제출하면 뽑아주는 2년제 대학에 들어가 졸업했다. 20대 후반, 서울 영등포에서 고시원 살이를 하며 치열하게 꿈을 향해 달려가던 중 사람을 잘못 사귀어 신용불량자 신세가 되기도 했다.

막노동하면서 하루 두 끼를 라면으로 때우기도 했다. 그 와중에도 나는 꿈을 이루면 원하는 모든 것들을 가질 수 있으리라 믿었다. 내 주변에는 꿈을 이루었거나 크게 성공한 사람, 부자가 단 한 사람도 없었다. 롤모델이 없었던 만큼 내 꿈을 성취하는 일은 쉽지 않았다. 그러던 중 내가 28세 때 아버지께서 가난을 이기지 못하시고 음독하셨다. 그렇게 나는 세상을 떠나신 아버지가 남긴 거액의 빚을 물려받아야 했고, 혼자의 힘으로 모두 갚아냈다.

작가가 되고자 하는 과정에서 나는 5년 동안 출판사들로부터 500번 이상 원고를 퇴짜 맞았다. 자살 충동을 수없이 느꼈다. 그러면서도 한편으로는 희망이란 지푸라기를 부여잡고 이 악물고 버텼다. 지금의 위치에 이르기까지 보통 사람들은 경험해보지 못한 시련과 역경들을 이겨내야만 했다. 하지만 많은 사람이 40채의 내 부동산과 200억 원대 자수성가 부자라는 데만 관심을 줄 뿐이다. 지금의 위치에 오르기까지 내가 감내해야 했던, 지옥 같던 시간에는 별 관심을 기울이지 않는다. 잘 알려고도 하지 않는다.

나는 보통 사람들이 가난에서 빠르게 벗어나는 방법을 알고 있다. '이것'을 모르고선 아무리 많은 부업을 해도, 아무리 열심히 살더라도 절대 가난에서 벗어날 수 없다. 나는 그동안 수많은 보통 사람들을 퍼스널 브랜딩(Personal Branding)에 성공하도록 이끌었다. 그 퍼스널 브랜딩 최고의 수단은 바로 책이다. 나는 12년 동안 1,100명으로 하여금 단 몇 개월 만에 자신의 이름이 들어간 책을 출간하도록 도왔다.

그들 가운데 책 마케팅으로 퍼스널 브랜딩을 한 후 무자본 창업에 성공한 이들도 많다. 그 가운데 유튜브 채널 〈단희TV〉를 운영하는 '중년들의 아이돌' 단희쌤도 내가 운영하는 한국책쓰기강사양성협회(이하 한책협) 출신이다. 그는 가장 힘든 인생의 시기에 퍼스널 브랜딩을 선택했다. 그리고 그동안 3권의 책을 펴냈다. 지금은 72만 명의 구독자를 거느린 유튜버이자 작가, 코치, 무자본 창업가, 사업가로서 바쁘게 살고 있다.

〈안대장TV〉를 운영하는 안대장(안규호). 그가 나를 찾아온 시기는 2016년 12월경이었다. 퍼스널 브랜딩을 위해 나를 찾아온 것이다. 나는 그가 단 몇 개월 만에 저서 《나는 인생에서 알아야 할 모든 것을 영업에서 배웠다》를 출간해 작가가 되도록 도와주었다.

당시 그는 무자본 창업 세계에 대해 알지 못했다. 나는 그에게 "나도 영업을 해봐서 아는데 영업은 오래 할 게 못 된다. 힘들게 영업하기보다 나처럼 무자본으로 창업해서 시간이 아닌 '전달하는 가치(지식, 경험, 노하우)'에 비례해 대가를 받는 코치가 되어야 한다. 그래야 빠르게 부자가 될 수 있다"라고 말했다. 그러면서 그에게 빠르게 무자본 창업해 성공할 수 있는 스킬들을 전부 알려주었다. 안대장의 부탁으로 그의 아내 사이유(양유진)까지 무자본 창업 교육을 받을 수 있도록 배려했다. 당시 그에게 내 영혼을 갈아서 주입했다고 해도 과언이 아니다. 그 부부는 나를 만난 지 반년 만에 무자본 창업에 성공했다.

2017년 추석을 며칠 앞두고 그가 감사 인사를 하기 위해 나를 찾아왔던 기억이 난다. 이날 나는 의식성장 수업을 진행하고 있었는데, 그는 성공 후기를 전하며, 자신을 위한 선물로 평소에 갖고 싶었던 벤츠를 일시불로 구매했고, 어머니에게도 BMW를 선물했다고 말했다. 당시 내 수업을 듣고 있던 수강생 50여 명은 그에게 아낌없이 박수갈채를 보내 주었다. 현재 시그니엘에서 사는 그의 삶은 퍼스널 브랜딩을 하기 전과 너무나 달라졌다.

이 책은 서점에서 쉽게 볼 수 있는 글 쓰는 법, 책 쓰는 법만을 알려주는 책이 아니다. 나는 마치 서당에서 훈장님이 가르치는 듯한 진부한 책을 경멸한다. 이 책은 흙수저, 무스펙, 신용불량자였던 내가 지금처럼 젊은 나이에 자수성가 부자가 된 비결을 알려주는 책이다. 수많은 부자, 성공자들을 배출한, 돈 버는 방법에 관한 책이다. 진심으로 말하건대 이 책에서 알려주는 사항들을 그대로 믿고 실천한다면 반드시 삶이 달라질 것이다. 믿음으로 걸어가되 결과는 하나님께 맡겨라. 모두 다 잘될 것이다.

성공 일타코치 김태광(김도사)

프롤로그 내가 가난을 끊어냈던 한 가지 방법　　　　　　　　005

1장　　　　　　　　　　　　　직장인도 퍼스널 브랜딩이 필요한 이유

오늘부터 나는 브랜드가 되기로 했다　　　　　　　　　014
평범한 사람이 부자 되는 비법　　　　　　　　　　　023
이것을 모르곤 자기계발을 시작하지 마라　　　　　　　032
성공하고 싶다면 당장 '이것'을 시작하라　　　　　　　041
책 쓰기는 자기계발의 끝판왕이다　　　　　　　　　　048
당신이 성공하지 못하는 진짜 이유　　　　　　　　　057
남보다 빠르게 성공하는 의외의 방법　　　　　　　　065
흙수저, 신용불량자에서 200억 부자가 된 핵심 비법　　　073
성공하는 독서법은 따로 있다　　　　　　　　　　　080

한책협 스페셜 솔루션 - 책을 쓰면 나는 세상에서 가장 가치 있고 비싼 상품이 된다　086

2장　　　　　　　　　　　따라만 하세요, 돈 되는 주제 떠먹여 드립니다

은행원, 재무설계 컨설턴트 092 l 건축가, 인테리어 전문가 094 l 연예인 097 l 수의사 099 l 출판 번역가 102 l 여행이 취미인 사람 104 l 스튜어디스 106 l 자영업자, 기업가 108 l 경찰공무원 110 l 초·중·고등학교 교사 112 l 대학교수 114 l 의사, 약사 116 l 가 정주부 118 l 종교 지도자 120 l 언론방송 기자 122 l 부동산 중개인 124 l 심리상담가 126 l 스포츠선수 128 l 정치인 130 l 어린이집·유치원 대표 132 l 직장인 135

한책협 스페셜 솔루션 - 당신이 정하는 주제가 당신 인생의 콘셉트가 된다　　　139

3장　　　　　　　　아직도 글쓰기로 수익을 못 내는 사람들을 위한
　　　　　　　　　　　돈 버는 책 쓰기 방법

1부 자동으로 돈을 벌어주는 퍼스널 브랜딩 방법 _ 돈 되는 주제 기획하기　144
돈 벌 수 있는 주제, 쉽게 뽑아내는 법　　　　　　　　　145
경쟁이 아닌 성장을 위해 경쟁도서 공부하는 법　　　　　150
소득 10배 높이는 제목 만들기　　　　　　　　　　　154

Contents

2부 돈 버는 책 쓰기 딱 6단계만 지키세요 _ 원고 작성하기   158
바로 "계약하시죠!"가 튀어나오는 출간계획서 작성법   159
독자의 반응을 일으키는 사례 찾는 법   162
첫 문장만 잘 써도 글이 술술 풀린다   166
당신의 글이 확 달라지는, 아주 쉬운 서론, 본론, 결론 쓰는 비법   171
25년째 매일 글 쓰는 습관을 들인 비법   177
내 원고의 출판 계약 확률 높이는 퇴고법   182

3부 책을 출간하고 싶을 때 꼭 알아야 세 가지 상식 _ 출판 계약하기   186
"큰 출판사가 좋을까?" 나에게 맞는 출판사 고르는 법   187
단번에 "오케이!"가 나는, 출판사와 계약하는 법   191
접근하는 방법만 바꿔도 출판 계약과 내 책 홍보가 훨씬 쉬워진다   195
한책협 스페셜 솔루션 - 제목과 목차가 책 쓰기의 전부다   200

4장   자동으로 돈 버는 퍼스널 브랜딩을 시작하려는 당신에게

자존심은 강한데 자존감이 낮은 사람은 이렇게 해보세요   204
가난을 벗어나는 가장 현실적인 방법   211
똑같은 시간 안에 더 빠르게 성공하는 방법   218
이 방법만 알면 무조건 무자본 창업에 성공할 수 있다   224
가난한 사람들이 쉽게 저지르는 한 가지 실수   233
자본주의 사회에서 빠르게 부자가 되는 사람들의 한 가지 공통점   237
나는 이것을 알고 나서 신용불량자에서 200억 부자가 되었습니다   241
한책협 스페셜 솔루션 - 회사는 책을 쓰고 창업을 준비해서 나올 곳이다   245

부록   한책협 출신 저자들의 진솔하고 생생한 후기

주이슬 작가 249 ǀ 하동균 작가 252 ǀ 최윤슬 작가 255 ǀ 강진하 작가 259 ǀ 고재석 작가 263 ǀ 황서희 작가 267 ǀ 김교빈 작가 271 ǀ 이상희 작가 276

1장

직장인도 퍼스널 브랜딩이
필요한 이유

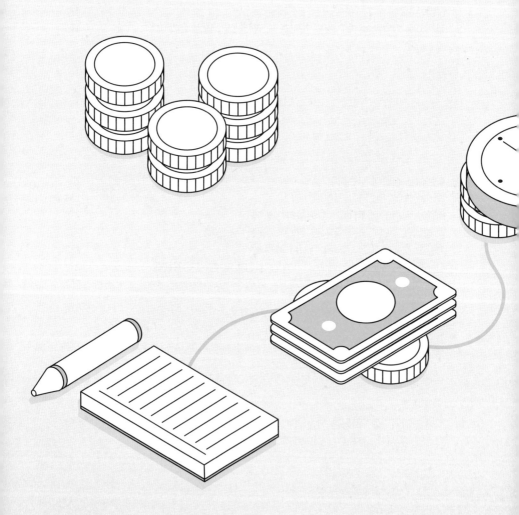

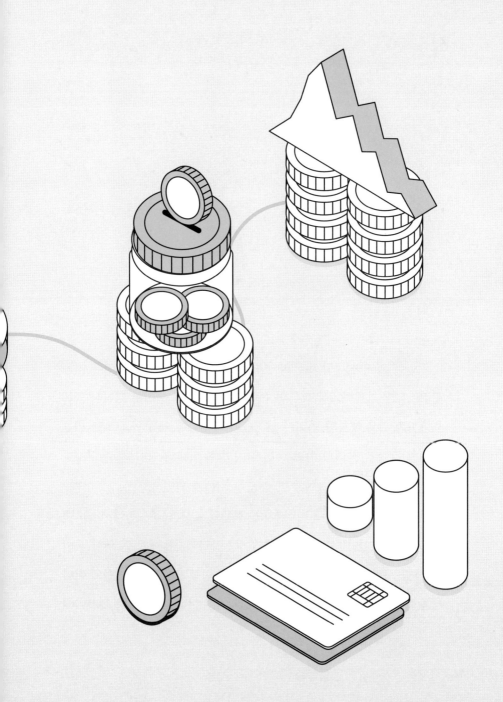

오늘부터 나는
브랜드가 되기로 했다

압도적으로 성공하는 사람들이
반드시 하는 것

지금은 과거와는 달리 글의 영향력이 대단하다. 스마트폰이나 태블릿 PC 등 스마트기기를 활용한 1인 미디어 시대가 되면서 개인이 글을 쓰고 영향력을 행사할 기회가 늘어났기 때문이다. 특히 소셜 네트워크(SNS)의 발달로 글의 영향력은 더욱 커졌다. 이제는 글만 잘 쓰더라도 직장인 월급의 몇 배를 쉽게 벌 수 있는 시대가 되었다.

SNS나 인터넷에 쓴 글이 정치와 경제의 흐름을 주도한다. 악성 댓글은 개인, 유명인뿐만 아니라 기업이나 자영업자들에게 큰 영향을 미친다. 한 사람이 사회생활을 할 수 없게끔 만들기도 하고, 기업의 이미지에 악영향을 미쳐 매출 감소로 이어지기도 한다. 특히 어떤 특정인에 대한 악성 댓글이 때로는 돌이킬 수 없는 일을 초래하기도 한다.

과거에는 극소수만이 책을 펴내며 전문 작가로 활동했다. 하지만 지금은 수많은 사람이 SNS나 포털사이트 카페, 블로그를 통해 자기 생각과 지식, 경험, 노하우 등을 글로 써서 올리며 다른 이들과 쉽게 공유한다. 때로는 출판 관계자의 눈에 띄어 책 출간으로 이어지기도 하고, 운 좋게 베스트셀러 작가가 되기도 한다.

요즘 책 쓰기의 중요성이 대두되고 있다. 그래서인지 관련 온라인 카페가 우후죽순으로 생겨난 지 오래다. 다양한 온라인 플랫폼에서 글쓰기, 책 쓰기 강좌를 팔고 있다. 나는 12년 동안 1,100명의 평범한 사람들이 책을 쓸 수 있게끔 교육했다. 그들 중에 많은 사람이 유명 작가, 코치, 상담가, 강연가, 유튜버로 활동하고 있다. 지금은 책을 써서 퍼스널 브랜딩(Personal Branding)을 하려는 사람들이 많지만, 10여 년 전만 해도 우리나라 사람들은 글쓰기, 책 쓰기의 중요성에 대한 인식이 부족했다. 당시 35세로 개인저서 100권을 쓴 나는 글쓰기와 책 쓰기의 원리와 기술을 사람들에게 알려주기 위해 네이버 카페 '한국책쓰기강사양성협회(이하 한책협)'를 개설했다. 현재 한책협의 회원 수는 2만 2,000명이 넘는다. 2021년에는 201명의 작가가 자기 이름으로 된 책을 출간했고, 2022년에는 102명의 작가가 책을 펴내서 퍼스널 브랜딩에 성공했다. 우리나라는 물론 미국과 영국, 호주, 일본, 중국, 베트남, 필리핀, 아프리카 등 해외 각지에서 내가 쓴 책을 읽거나 유튜브 영상을 보고 찾아오고 있다. 책 쓰기 퍼스널 과정 수업은 줌을 통해 온라인

실시간 화상으로 이루어지기 때문에 해외에서 수강해 책을 펴낸 사람들도 많다.

가난에서 빠르게 벗어나는 방법

유튜브 〈단희TV〉 운영자, 단희쌤 이의상 씨는 한국전력공사를 퇴사하고 나와 도전한 사업마다 전부 실패해서 모든 것을 잃었다. 10년 전만 해도 사채업자에게 쫓기며 노숙과 쪽방촌을 전전하고, 고시원에서 살아야 했다. 그러다 어떤 계기로 인해 자기계발에 눈뜨게 되었다. 그는 어떻게 하면 좀 더 빠르게 성공할 수 있을까 고민하다가 내가 운영하는 퍼스널 브랜딩 교육회사 한책협을 찾아왔다. 당시 그는 5기 책 쓰기 퍼스널 브랜딩 교육과정에 등록해서 글쓰기, 책 쓰기, 책 출판, 독서법 등을 배웠다.

지금도 기억에 남는 것은, 수강생 대부분이 외모에 그다지 신경 쓰지 않는 반면, 단희쌤은 항상 깔끔하게 다림질된 흰 와이셔츠에 정장 차림을 하고서 수업에 참여했다. 그는 남들을 도우려는 이타심이 강한 사람이었다. 그와 대화를 나누고 코칭하는 과정에서 나는 그가 내면이 단단한 사람이라는 느낌을 받았다. 많은 사람이 물질을 쫓으면서 자신을 도와준 사람들을 쉽게 저버리거나, 심지어 자신을 드높이기 위해 해를 끼치기도 한다. 나는 단희쌤을 보면서 이분은 올곧은 사람이어서 절대 남에게 해를 끼치고 살 사람은 아니라는 생각을 했다. 결국, 이런 사람들이 성공하게 되어 있다고도 생각했다. 지금에 와서 보면 과거에 내가 사람을 제대로 봤다는 생각이 든다.

단희쌤은 지금까지 여러 권의 책을 출간했다. 그가 쓴 책 《마흔의 돈 공부》, 《그냥 오는 돈은 없다》, 《지식산업센터로 월세통장 만들기》는 많은 사랑을 받았다. 그는 2023년 2월 기준 71만 명의 구독자를 보유한 유튜버로, 여러 권의 책을 출간한 작가로 확실하게 퍼스널 브랜딩에 성공했다. 부동산 투자와 컨설팅을 통해 100억 원대 자산을 이룬 그는 인생에서 가장 행복한 시기를 보내고 있다.

지금은 글을 잘 쓰는 사람이 대중의 인정을 받는다. 글쓰기를 넘어 책까지 쓴다면 세상을 움직이는 영향력이 있는 사람이 될 수 있다. 글쓰기와 관련된 직업이 아니어도 직장생활하며 글을 써야 하는 일이 종종 생긴다. 그만큼 직장에서도 글쓰기의 중요성이 높아졌다고 할 수 있다. 중간관리자는 업무 시간의 40%, 매니저는 50%가 글쓰기와 관련이 있다. 나는 입버릇처럼 현재 위기의식을 느끼거나 미래가 불안한 사람들에게 "책 쓰기는 시대의 생존 조건이다"라고 말한다. 지금은 성공해서 책을 쓰는 것이 아니라 책을 써야 성공하는 시대다.

이제는 일만 잘해서는 언제 직장에서 '팽' 당할지 알 수 없다. 직장에 뼈를 묻는 시대는 지나갔다. 회사에서도 뼈를 묻는 직장인을 원하지 않는다. 열정은 사라진 지 오래고, 성장 또한 멈춰진 채 월급만 축내는 사람은 스스로 퇴사해주기를 바란다. 하지만 직장생활 중에 지금 하는 업무나 관심 있는 분야에 관한 책을 쓴다면 이야기는 달라진다. 식었던 열정이 되살아나고, 미래에 대한 기대감과 자신감으로 무장하게 된다. 책 출간 후 자신의 이름을 퍼스널 브랜딩 한다면 충분히 인생을 역전할 수 있다. 갑자기 회사로부터 구조조정이나 권고사직을 받더라도 미련 없이 떠날 수 있게 되는 것이다.

지금이 인생 2막을 준비하기에 가장 좋은 때다

갈수록 취업난이 심각해지고 있다. 그런데 아이러니하게도 그동안의 경력을 포기하고, 다른 회사의 신입사원에 지원하는 비중이 높아졌다. 그런 현상이 빚어지는 가장 큰 이유는 무엇일까? 현재 다니고 있는 회사에 대한 불만이 높기 때문이다. 회사에 다니다 보면 자연히 하나둘 자사의 단점이 보이기 시작한다. 그러곤 이내 그 회사에 입사한 것을 후회하며 머릿속으로 수백 번 사표를 내는 상상을 한다. 바늘구멍 같은 취업 문을 힘들게 뚫고 들어왔지만, 성취감을 얻기도 전에 이직을 고민하는 것이다.

삼성경제연구소에서 발표한 〈신입사원들의 조기 이직 현상에 대한 보고서〉에 따르면, 직장인 10명 중 6명에게는 '파랑새 증후군'이 있다고 한다. 이들은 취업에 성공한 후에도 더 좋은 직장을 찾아 끊임없이 이직을 시도한다. 이에 대해 한 전문가는 "자신의 학력 수준과 맞지 않는 '하향지원', 전공과 적성보다는 일단 취업하고 보자는 '묻지 마 지원' 등이 바로 그 원인"이라고 말했다.

대학을 졸업하고 취업이 되면 그동안 안고 있던 모든 고민이 해결된 듯이 기쁘고 마음도 가볍다. 하지만 그것도 잠깐이다. 시간이 갈수록 지금 하는 업무가 나와 맞지 않거나, 동료들과도 잘 지내기 힘들어질 수 있다. 이때부터 다시 괴로움이 시작된다. 회사생활이 지옥같이 느껴질 때면 목요일 오후부터 마음이 점점 즐거워진다. 주말이 다가오기 때문이다. 금요일이 되면 그늘져 있던 얼굴에 화색이 돌기까지 한다. 퇴근 후 동료들과 술 한잔하며 스트레스를 날려버리고, 주말에는 친구들을 만나거나 그동안 밀린 잠을 자며 황금 같은 휴일을 보내버린다. 하지만 일요일 오후가 되면 왠지 모르게 마음이 불안하고 답답해진다. 심지어 우울해지기까지 한다. 특히 중요한 회의가 열리는 월요일을 앞두고 있으면 마음이 무겁고 초조해진다.

직장인 중에는 이런 월요병에 시달리는 이들이 상당수 있다. 이런 월요병에서 벗어나려면 어떻게 해야 할까? 바로 자신이 가장 좋아하는 일을 하면 된다. 좋아하는 일을 하면 요일에 대한 생각과 느낌도 달라진다. 나는 내가 하는 일이 재미있다. 그러다 보니 오히려 모두가 쉬는 주말이나 법정 공휴일이 없어졌으면 하는 생각마저 든다. 나는 일을 하고 싶은데 주말이나 공휴일이면 나 역시 어쩔 수 없이 쉬어야 하기 때문이다. 이런 날이면 나는 쉬지 않고 새로운 원고를 쓰거나 글쓰기, 책 쓰기 교육과정에 있는 수강생들의 과제를 체크한다. 유튜브 영상을 찍기도 한다. 내 경험상 자신이 좋아하는 일을 하게 되면 휴일에 대한 갈망도 그만큼 줄어든다.

현재 직장생활을 하고 있다면 지금이야말로 인생 2막을 준비하기에 가장 좋은 때다. 그동안 인생 2막이 준비되지 않은 상태에서 직장에서 퇴출당했을 때 어떤 최악의 일들이 일어나는지 해당 사례들을 생생하게 지켜봤다. 행복했던 부부 사이가 경제적인 문제로 불화에 휩싸이는 것은 물론이고, 특히 가장의 경우 아내와 자녀들에게 무시당하기까지 한다. 너무나 외롭고, 고독하며, 비참한 시간을 보내야 한다. 그러면서 새로운 일자리를 찾아 두리번거리며 돌아다니게 된다.

성공해서 책을 쓰는 것이 아니라 책을 써야 성공한다!

《오십의 말 품격 수업》, 《멋지게 말하고 싶습니다》 등 수십 권의 책을 쓰고, 21만 명의 구독자를 보유하고 있는 유튜브 채널 〈조관일TV〉를 운영 중인 조관일. 그는 젊은 시절, 춘천의 한 농협에서 채권관리 업무를 맡고 있었다. 그는 자기 일에 대한 열정이 남달랐는데 항상 '어떻게 하면 채무자들을 설득해서 채권을 회수할 수 있을까?' 고민했다. 결국은 직원들을 상대로 연수원에서 고객 응대법을 가르치게 되었다.

하루는 그의 강연을 참관했던 연수원 원장이 그를 따로 불렀다. 강연 내용을 책으로 써보라고 했다. 그렇게 해서 그가 쓰게 된 〈고객 응대에 관한 사내 매뉴얼〉은, 이후 그의 첫 번째 책 《손님 잘 좀 모십시다》로 탄생하게 된다. 고객 응대, 서비스 분야에서만큼은 대한민국에서 제일가는 책을 쓰겠다는 목표가 있었기에 가능했던 일이다. 그의 첫 책은 농협중앙회 회장의 손에까지 들어갔다. 하루는 회장실로부터 호출이 왔다. 당시 춘천에서 근무하던 저자에게 서울로 올라와 중앙회 전 직원을 교육해달라는 지시와 함께. 그렇게 그는 책 한 권으로 서울에 입성하는 데 성공했고, 빠르게 과장으로 승진할 수 있었다.

조관일 씨는 "만약 첫 책을 서비스를 주제로 쓰지 않았다면 농협에서 퇴출당했을 것"이라고 말한다. 농협이 필요로 하는 서비스, 친절에 관한 책을 썼기 때문에 그 분야에서 능력을 인정받고 직장에서도 아낌을 받았으며, 빠른 승진을 이룰 수 있었다면서. 그는 지금 있는 직장에서 진심으로 튀고 싶다면 그곳에서 남다른 세계를 만들어내야 한다며, '내가 이런 사람이다'라고 내보일 수 있는 그 수단 중의 하나가 책 쓰기라고 말한다.

그는 직장에 다니며 책을 쓰는 동안에는 동료들과 어울려 술을 마시면서도 미래에 대한 불안함 같은 것은 없었다고 한다. 그것은 '지금 내가 쓰는 책이 나에게 어떤 기회를 가져다줄까?' 하는 기대 때문이었다. 우리는 미래에 대한 기대감으로 살아간다. 많은 직장인의 표정이 어두운 것은 지금보다 미래가 더 나아질 것이라는 기대감이 없기 때문이다.

많은 중년이 '아플 수도 없는 마흔'이라며 불안하고 고된 심정을 토로한다. 하지만 지금부터 준비를 잘하면 인생 2막을 성공적으로 시작할 수 있다. 인생 2막의 준비는 시대 생존 조건인 글쓰기, 책 쓰기에 달렸다. 자기 생각과 지식, 경험을 담은 한 권의 책을 출간해보라. 그리고 나면 자신을 인정해주는 사람들이 늘어나고 그로써 자신감이 붙게 된다. 자연스레 전문가로 활동할 기회들도 생겨나고, 전혀 예상하지 못했던 기회들도 찾아온다. 이쯤 되면 누가 시키지 않아도 또 다른 책을 쓰고 싶은 강한 욕망이 생겨난다.

인생 2막을 성공적으로 시작하고 싶다면 이 말을 꼭 기억해야 한다. "성공해서 책을 쓰는 것이 아니라 책을 써야 성공한다!"

평범한 사람이
부자 되는 비법

후회하지 않을 인생을 사는 방법

세상은 호락호락하지 않다. 그리고 인생은 생각보다 길다. 이 두 가지는 누구나 나이를 먹으면서 깨닫게 된다. 많은 사람이 "사는 게 힘들어 죽겠다"라고 말하는 것을 보면, 단지 나만 세상살이가 힘들다고 느끼는 것은 아닌 것 같다. 하지만 힘든 만큼 더 준비하고 노력하면 갈수록 세상살이는 쉬워지게 마련이다.

인생이 길게 느껴진다는 것은 어느 정도 나이를 먹었다는 뜻이기도 하다. 지금 현실이 팍팍하고 미래마저 암울하다는 느낌은 인생, 즉 미래에 대해 부정적인 생각을 가지게 할 수 있다. "인생은 생각보다 길다"라고 말하는 사람 중 대다수가 행복하지 않은 현실을 살고 있을 것이다. 반면에 현실이 즐겁고 행복한 사람은 절대 인생이 길다고 생각하지 않는다. 아니, 그 반대다. 인생이 짧다고 생각한다.

많은 사람이 긴 인생을 '견디면서 살아가는 것'이라고 생각한다. 하지만 견디면서 살아가는 것보다 더 힘들고 불행한 일은 없다. 감옥에 갇혀 있는 죄수들을 보라. 그들은 잠자리도 제공받고, 시간 맞춰 삼시 세끼를 다 챙겨주는가 하면, 운동도 시켜주는데 행복감을 느끼지 못한다. 왜 그럴까? 그들이 원하는 삶이 아니기 때문이다. 그래서 바깥세상을 그리워하는 것이다.

생각보다 긴 인생을 고통스럽게 살지 않기 위해서는 역시 준비를 잘해야 한다. 준비되어 있지 않은 미래는 재앙과 다를 바 없다. 의외로 은퇴한 이들 중 많은 사람이 할 일 없이 빈둥거리며 무의미하게 시간을 보낸다.

좋아하는 일로 먹고살기 위해 반드시 필요한 것

텔레마케팅 전문가로 활동 중인 한국계 중국인 아이스 강 코치가 있다. 서른 중반을 지나고 있는 그는 퍼스널 브랜딩 수단으로 책 쓰기를 선택했다. 자신의 몸값을 몇 배로 더 높이기 위해서는 브랜딩이 필수라는 것을 알아챈 것이다. 책을 쓰기 위해 5년 동안 이런저런 책 쓰기 코치를 찾아다녔지만, 시간, 노력, 수천만 원의 돈만 날렸다. 심지어 책을 내려고 980만 원을 들여 대필을 의뢰했지만, 막상 원고를 받아보니 마음에 들지 않아 책으로 낼 수 없었다. 고민하던 중 한책협 유튜브 영상을 보고 나를 알고 있던 그의 아내가 나를 소개했다고 한다. 그의 아내는 결혼 선물로 아이스 강을 내가 운영하는 책 쓰기 교육과정에 등록해주었다.

지금도 생생하게 기억하고 있는 2022년 5월 4일, 당시 나는 가족들과 함께 제천 리솜포레스트에서 휴가를 보내고 있었다. 그때 아이스 강이 먼저 카카오톡으로 나의 도움을 받아 책을 쓰고 싶다는 장문의 메시지를 보내왔다. 그와 긴 통화를 하면서 느낀 것은 책을 간절히 쓰고 싶어 한다는 것과 그동안 내가 걸어온 길의 가치를 잘 알고 있다는 것이었다.

나는 그에게 진심을 다해서 내 최고의 실력을 행사해 책 쓰는 법을 가르쳤다. 그는 책을 쓰기 전에 연 수입이 5,000만 원에서 1억 원 정도라고 말했다. 하지만 내게서 책 쓰기 퍼스널 브랜딩 교육을 받은 후 《TM영업으로 억대 연봉 버는 법》이라는 책을 출간하곤 한 달에 5,000만 원을 버는 사람이 되었다. 이 책은 제목 그대로 텔레마케팅 방법에 대한 책이다. 나를 만난 지 불과 6개월 만에 아이스 강의 인생의 판이 커진 것이다.

흥미로운 사실은 당시 그의 아내 주하영 씨도 함께 책 쓰기 퍼스널 브랜딩 교육과정에 참여했다는 것이다. 여기서 기적 같은 일이 일어났다. 아이스 강과 주하영 씨가 한 달 만에 원고를 완성하고, 같은 날에 출판 계약에 성공한 것이다. 그것도 같은 출판사가 아닌 각기 다른 출판사였다. 주 작가는 《내 아이만큼은 나와 다른 삶을 살기를 바란다》라는 제목의 책을 출간했다.

또 한 가지 들려줄 소식은 주하영 씨의 큰언니 주은숙 씨도 한책협의 책 쓰기 퍼스널 브랜딩 교육과정을 이수하고 책을 출간했다는 것이다. 그녀는 책을 쓰는 것이 꿈이었다고 한다. 15년 동안 책을 쓰기 위해 출판 관련 대학원까지 다녔지만, 책을 쓰지 못했다고 한다. 그런데 동생 주하영 씨와 그의 남편이 단 1개월 만에 원고를 쓰고 출판 계약을 따냈다는 사실에 큰 충격을 받고, 한책협의 책 쓰기 퍼스널 브랜딩 교육과정에 등록했다고 한다. 그러곤 주은숙 씨 역시 나에게 교육받은 지 2개월 만에 《내 아이 부자로 키우는 엄마의 경제 수업》이라는 책을 출간했다. 한집에서 3명이나 작가가 탄생한 것이다. 세 사람 모두 몇 년이 아닌, 단 몇 개월 만에 책을 출간하고 퍼스널 브랜딩에 성공했다.

아이스 강, 주하영, 주은숙. 이 세 사람은 누구보다 용기 있는 사람이다. 인생에서 가장 젊은 시절에 자신들에게 가장 필요한 퍼스널 브랜딩 수단으로 책 쓰기를 선택했으니 말이다. 이들이 만약에 작가의 꿈을 품고만 있고, 책 쓰기에 도전하지 않았다고 가정해보라. 그랬다면 지금처럼 행복하지는 않을 것이다. 그들은 지금 자신이 가장 좋아하는 일을 하면서 다양하게 수입 파이프라인을 늘려 가고 있다.

빠르게 성공하고 싶다면?

과거의 나는 돈이 너무나 싫었다. 돈이 미웠고 원망스러웠다. 돈을 저주하기까지 했다. 왜냐하면 돈 때문에 내가 어릴 때부터 부모님이 고생하셨기 때문이다. 부모님은 양쪽 무릎 연골이 다 닳을 때까지 열심히 일했지만, 가난에서 벗어나지 못하셨다. 우리 집은 내 나이 24세 때까지 기초생활수급 가정이었다. 부모님은 평생을 가난과 싸우셨다고 해도 과언이 아니다. 그러다 보니 나의 의식 속에는 '부자는 아무나 되나? 나처럼 뭐 하나 특별한 게 없는 사람이 무슨 수로 성공해? 부자들은 힘들거나 정당하지 않은 방법으로 부자가 되었겠지'라는 비뚤어진 생각만 가득했다. 가난한 의식수준의 생각만 하고 살았던 것이다. 지금에 와서 생각해보면 과거 내가 아무리 열심히 살고 노력해도 가난에서 벗어날 수 없었던 것은 이런 가난한 의식 때문이었다.

나는 퍼스널 브랜딩에 관한 수업만 하지 않는다. 많은 사람이 성공하는 법과 부자 되는 법, 마인드 코칭을 받기 위해 나를 찾아오고 있다. 그런데 그들 대부분에게는 '무언가를 강렬하게 갖고 싶다, 어떤 사람이 되고 싶다'라는 욕망이 없다. 그래서 나는 가장 먼저 그들의 의식 변화에 중점을 둔다. 의식 변화가 일어나지 않으면 아무리 내가 원리와 기술을 알려주더라도 단기간에 결과를 만들어낼 수 없다. 모든 것은 의식에서 비롯되기 때문이다. 내가 책 쓰기 퍼스널 브랜딩 수업에서 욕망을 불러일으키는 방법을 가르치는 이유다. 가난한 의식이 부가 가득한 의식으로 변화되면 그동안 없었던 꿈이 생겨나고, 더 큰 욕망을 가지게 된다. 그 결과 하루하루를 더 열정적으로 살게 되는 것이다. 이렇게 하루하루를, 열흘을, 한 달을, 일 년을 최선을 다해 살다 보면 반드시 인생은 달라지게 마련이다.

평범한 사람보다 10배 빨리 부자가 되는 법

코로나19 신규 확진자가 속출하던 때, 인천에서 살던 한 보험 텔레마케터 남성이 나를 찾아왔다. 당시 그의 헤어스타일은 세련되지 못했을뿐더러 입고 있는 티셔츠는 한눈에 봐도 저렴해보였다. 잘 벌 때는 월 500만 원도 벌었는데, 지금은 코로나19로 수입이 줄어 월수입이 100만 원 남짓이라고 말했다. 설상가상으로 잘못된 판단과 선택으로 2,000만 원을 사기당했다고 했다. 그가 나를 찾아왔을 때 가진 돈은 300만 원 정도가 전부였던 것으로 기억한다.

나는 그에게 어떻게 한책협과 나를 알았느냐고 물어봤다. 그는 최근에 방을 구하면서 한 부동산 중개업소 여자 중개인의 도움을 받았다고 했다. 그 중개인은 막 일을 시작했는지 너무 초보 티가 났다고 했다. 그런데 몇 개월 후 그 여자 중개인이 책을 썼다는 소식을 듣게 되었다. 당시 그는 큰 충격을 받았다고 했다. 자신이 봤을 때는 너무나 초보 티가 났는데 책을 썼다고 하니 도무지 말이 되지 않았던 것이다. 그 여자 중개인은 어떤 과정을 통해 책을 썼는지 알려주지 않았다고 한다. 그는 인터넷 검색에 들어갔다. 그리고 결국 한책협을 알게 되었고, 그녀가 내게 코칭을 받아 3, 4개월 만에 책을 냈다는 것 또한 알게 되었다. 그는 바로 네이버 카페 한책협에 가입했고, 나를 찾아오게 되었다는 것이다.

나를 처음 만났을 때 그가 내게 했던 말이 지금도 생생하게 기억난다. 나에게 코칭받으면 책 출간은 기본이고, 코치, 상담가, 1인 창업가로 반드시 성공할 수 있겠다는 확신이 들었다고 했다. 그런데 2,000만 원을 사기당해 돈이 없으니 우선 가진 돈만으로 비용 일부를 지불하겠다, 나머진 기간을 정해서 꼭 갚겠다, 이렇게 간절히 부탁하는 것이었다. 그러면서 꼭 은혜에 보답하는 제자가 되겠다고 거듭 말했다. 나는 당시 그의 순박한 외모와 사투리 섞인 말투를 대하며 절대 거짓말하지 않을 거라고 믿었다. 교육비는 후불이 가능하도록 배려했다. 과거 누구보다 가난으로 인한 고통을 겪어 봐서 잘 아는 만큼 나의 도움을 받아 그도 빠르게 경제적 자유인이 되기를 바랐기 때문이다.

그는 2019년 9월에 시작된 책 쓰기 교육과정에 참여했다. 누구보다 빠르게 목차를 완성하고 원고를 써나가기 시작했다. 한 달도 걸리지 않아 A4 용지 100장가량의 원고를 집필했다. 나의 세세한 조언을 받아 출판사에 그 원고를 투고했다. 그와 동시에 출판 계약이 이루어졌고, 3개월 후인 12월에 《청년 백수에서 억대 연봉 콜센터 팀장이 된 비결》이라는 제목의 책이 출간되었다. 그가 바로 현재 한 달에 3,000만 원을 벌고 있는 김우창 작가이자 코치다.

내가 운영하는 한책협에서는 글쓰기와 책 쓰기, 책 출판을 비롯해 유튜버 되는 법, 블로그 마케팅과 인스타그램 마케팅 방법, 1인 창업가가 되는 방법 등을 교육하고 있다. 당시 김우창 작가는 단 3개월 만에 1인 창업가가 되기 위한 모든 지식과 경험, 원리와 기술, 노하우를 전수받았다. 그 결과 4개월 후부터 텔레마케터들을 대상으로 텔레마케팅을 잘하는 방법을 상담해주고 코칭하면서 많은 돈을 벌기 시작했다. 그해 그는 한책협에서 후불로 수강했던 교육비를 모두 갚았다.

2021년 2월 28일, 김우창 작가는 한책협 카페 게시판에 직접 "79기 김우창 작가입니다. 현재 연봉 2~3억 원을 벌고 있고 곧 세 번째 책도 출간됩니다. 2021년 복 터졌습니다. 모두 한책협 덕분입니다. 책 쓰기 등록을 망설인다면 이 글을 필독하세요"라는 후기 글을 남겼다. 그는 책 출간 후 빠른 속도로 퍼스널 브랜딩에 성공해 인천에서 서울로 이사했다. 이제 그는 펜트하우스에서 살고 있고, 명품 허리띠, 명품 가방을 소지하고 고급 세단을 타고 다닌다. 나를 만나기 전의 삶과 지금의 삶을 비교해보면 완전히 다른 사람이 되었다는 것을 알 수 있다. 내가 운영하는 유튜브 한책협에는 김우창 작가가 책 쓰기 교육과정 수강생이었을 때 찍었던 영상과 한 달에 수천만 원을 벌 때 찍은 영상들이 있다. 많은 사람이 이 영상들을 보고 나를 찾아오고 있다. 여러분도 꼭 한 번 보기를 바란다. 나도 잘될 수 있겠다는 강한 확신이 생길 것이다.

성공하고 싶다면 이것을 당장 시작하라!

사람은 누구나 자신이 원하는 인생을 살 수 있다. 다만 생각대로 살지 않고 현실과 타협하면서 살기 때문에 행복하지 않은 인생을 살게 된다. 그 결과 인생을 즐기기보다 고통을 견디는 삶을 살게 된다. 이 책을 읽는 당신은 지금부터라도 눈부신 인생 2막을 만들어갈 수 있다. 어떻게? 답은 바로 책 쓰기에 있다. 자신의 이름이 들어간 책을 써야 퍼스널 브랜딩이 되기 때문이다. 어떤 사람은 책을 쓴다는 데 두려움을 가질지도 모르겠다. 하지만 전혀 그렇지 않다. 방법을 모른 채 혼자 책을 쓰려면 막막하고 두렵겠지만, 최고의 전문가에게 배운다면 책 쓰기는 전혀 어렵지 않다. 생각보다 쉬운데 왜 이제껏 책을 쓰지 않았을까, 하는 생각도 들 것이다. 책을 쓰는 일은 그만큼 쉽다.

2023년 1월에서 4월 13일까지 20여 명의 수강생이 출판 계약에 성공했다.

139기 이영숙 작가(태권도 심판), 139기 김수연 작가(의사), 140기 김세락 작가(직장인), 140기 정하정 작가(피부관리숍 원장), 140기 이재형 작가(경찰공무원), 141기 노세람 작가(외국계 기업 사업개발 담당 이사), 141기 김교빈 작가(화가), 141기 장이지 작가(주부) 등 8명 모두 1개월 만에 원고를 완성하고 출판 계약에 성공했다.

4월 중 몇 명 더 출판사에 원고를 투고해 출판 계약을 진행할 예정이었다. 한책협에서 교육받는 사람들은 단지 책만 쓰기 위해 온 사람들이 아니다. 퍼스널 브랜딩을 위해 나를 찾아온 것이다. 지금보다 더 나은 인생을 만들어 나가는 데 가장 효과적인 것이 책이라는 것을 잘 알고 있기 때문이다.

당신의 인생 2막의 성패는 퍼스널 브랜딩에 달렸다. 지금 자신이 좋아하고 잘하는 분야, 취미, 관심 분야를 토대로 책을 써보라. 저서를 갖게 되면 다양한 기회들이 찾아온다. 책 출간 후 사람들의 인정을 받는 것은 물론, 자신이 상상하지 못했던 신세계가 열리는 경험을 하게 될 것이다. 그래서 내가 만사 제치고 책부터 쓰라고 자신 있게 힘주어 말하는 것이다.

이것을 모르곤 자기계발을
시작하지 마라

보편적인 노력을 하지 마라!

"아무리 책을 열심히 읽더라도 삶은 늘 제자리걸음입니다. 책을 읽는 순간에는 자기계발을 하고 있다는 생각이 들어 동기부여가 됩니다. 하지만 딱 그만큼입니다. 하루가 지나면 어제 읽은 책 내용은 기억나지 않고 눈앞에 당면한 문제에 파묻혀 살게 됩니다. 이제는 시대가 변했습니다. 자신의 이름으로 된 책을 쓰는 것이 진짜 자기계발입니다. 한 권의 책을 펴내게 되면 삶의 많은 부분이 달라질 것입니다. 세상에 자신을 드러낼 수 있게 됩니다. 자연스레 퍼스널 브랜딩이 됩니다. 새로운 삶이 펼쳐지게 될 것입니다."

내가 사람들에게 자주 하는 말이다. 책은 크게 성공한 사람이나 문학 전공자들만 쓸 수 있는 전유물이 아니다. 이제는 누구나 마음만 먹으면 책을 쓸 수 있다. 서점에 가보면 학생과 주부, 평범한 직장인들이 쓴 책들이 대부분이다. 평생 글쓰기와 담쌓았던 사람들이 퍼스널 브랜딩을 위해 용기를 내어 자신의 지식과 경험, 노하우를 담아 펴낸 책들이다. 그들이 책을 펴낼 수 있었던 것은 글솜씨가 뛰어나서가 아니다. 단지 막막한 현실, 불안한 미래를 생각하다가 찾은 것이 퍼스널 브랜딩이기 때문이다. 퍼스널 브랜딩 수단으로 글쓰기, 책 쓰기만 한 게 없다는 것을 알고 책을 쓴 것이다. 그들은 당신보다 좀 더 일찍 용기를 냈고, 실행력이 있었던 것뿐이다.

아직도 안타깝게도 많은 사람이 독서를 자기계발이라고 착각하고 있다. 다른 자기계발은 하지 않더라도 꾸준히 책을 읽는 사람들이 있다. 심지어 속독법을 배워 한 달에 수십 권씩 읽는 사람들도 있다. 그들은 "어려서부터 책을 많이 읽어야 똑똑해진다, 더 빨리 성공한다, 훌륭한 사람이 된다"라는 말들을 귀가 따갑게 들어왔기 때문에 독서를 한다. 독서가 곧 성공으로 가는 추월차선이라고 착각하면서. 그렇게 세뇌되었기 때문이다. 물론 책이 너무 좋아서 책벌레가 된 사람들도 있다. 내가 하고 싶은 말은 책을 열심히 읽는다고 삶이 크게 달라지지 않는다는 것이다. 내 일이 글쓰기, 책 쓰기, 책 출판에 관한 코칭이기 때문에 주위에는 일 년에 100권, 300권씩 읽는 사람들도 꽤 많다. 그들은 오랜 시간 책을 읽으며 살아왔지만, 경제적으로 힘든 상황에 놓여 있었다. 나는 그들에게 그동안 독서로 인풋(Input)을 충분히 했으니 그만하고 글쓰기, 책 쓰기로 아웃풋(Output)을 하라고 조언했다. 그들은 단 몇 개월 만에 책을 펴냈고 그동안 책만 읽던 독자에서 책을 쓴 저자로 신분이 바뀌었다. 당연히 독자로 살았을 때 누리지 못했던 상담, 강연, 칼럼 기고 등 보통 사람들이 경험하지 못한 많은 기회를 누리게 되었다.

돈 없고 인맥 없다면 글쓰기부터 해보라!

돈도 없고, 인맥도 없고, 재능도 없는 사람이 쉽게 자수성가하고자 한다면 글쓰기부터 해야 한다. 글쓰기는 소비자에서 생산자가 되게 해주는 최고의 무기다. 글쓰기라고 해서 작가가 되겠다는 그런 거창한 목표를 가지라는 것이 아니다. 블로그와 같은 곳에 자신이 살아온 이야기나 취미생활, 관심 분야에 대한 글을 꾸준히 쓰다 보면 많은 변화가 일어나게 된다. 그동안 책만 읽었을 때는 삶에 아무런 변화가 없어 스트레스를 받았던 경험들이 많을 것이다. 그런데 자기 안의 다양한 지식과 경험, 정보, 살면서 알게 된 깨달음 등을 글로 쓰게 되면 달라진다. 자신의 내면에 잠재된 지적 자본들에 대해 제대로 알게 된다. 그래서 글쓰기를 꾸준히 하게 되면, 그렇지 않은 사람들에 비해 지능이 높아지게 되는 것이다. 똑똑하고 지혜로운 사람이 되는 것이다. 글쓰기를 넘어 책 쓰기를 하게 되면 10배의 효과가 있다. 책을 써서 삶을 바꾼 나를 비롯해 내게 코칭받아 책을 펴낸 수많은 제자가 산증인들이다.

《돈의 신에게 배우는 머니 시크릿》, 《내가 상상하면 꿈이 현실이 된다》라는 책을 쓴 김새해 작가는 인생에서 가장 힘든 시기였던 2013년

9월, 집 근처 충현도서관에서 진행된 '당신의 책을 써라'라는 특강을 듣고 한책협을 알게 되었다.

나는 그녀에게 자신이 살아온 이야기를 주제로 정하고, 제목과 목차를 만들어보라고 조언했다. 그러곤 그녀가 만든 제목과 목차를 보며 일일이 코칭해주었다. 그 결과 자신의 이름으로 된 책을 출간할 수 있었다. 그녀는 한책협에서 진행하는 다양한 과정을 수강하면서 지금과 같은 1인 창업가가 될 수 있었다.

김새해 작가는 책 출간을 앞두고 나에게 여러 통의 감사 메일을 보내왔다. 다음은 2014년 4월 24일 곧 출간되는 책의 최종 원고 PDF 파일과 책 표지에 실을 나의 추천사를 검토해달라고 요청하며 보내온 감사 메일 내용 가운데 일부분이다.

"김태광 총수님 덕분에 제 개인 저서가 세상에 나오게 되었습니다. 전 PDF만 봐도 눈물이 줄줄 흘러…. 책 나오면…. T.T 으악…. 감동 백만 배일 것 같아요. 아기를 기르면서 약한 체력으로 과연 해낼 수 있을까 생각했는데…. 꿈이 현실이 되었습니다. 책 쓰기뿐만 아니라 우주의 법칙과 끊임없는 동기부여, 플랜 도서들과 강의로 제게 큰 영감을 주셨습니다. 도와주셔서 진심으로 감사드립니다."

김새해 작가가 2014년 5월 9일에 나에게 보내온 장문의 메일을 보면 자신이 왜 돈을 많이 벌어야 하는지, 성공해야 하는지 잘 설명되어 있다.

"제 꿈을 이루기 위한 수단으로 돈이 필요합니다. 부모님께도 정신적 경제적 자유를 드리고 싶고, 저 또한 제 모든 바람인 그림을 그리고 싶은 마음, 봉사하고 싶은 마음, 사람들에게 글과 그림 강연으로 꿈을 찾아주고 싶은 제 꿈을 이루고 싶습니다.

막연히 꿈만 꾸던, 5~14세의 나이에 막노동에 가까운 노동 착취를 당하거나 몸을 팔며 살아가는 어린 소녀들을 구해야겠다는 사명감도 더욱 커지고 있습니다. 그 아이들을 모두 데려와 세계 어느 곳이든 천막을 펼치는 곳이 학교가 되는 국제 이동식 천막학교를 설립해 불안한 현실에 짓눌린 아프리카, 아시아 지역의 아이들에게 희망을 주고 싶습니다."

나는 그녀의 간절함에 감동해 정말 그녀를 물심양면으로 도와주었다. 김새해 작가의 남편이 보험 일을 했는데, 그녀가 부탁해와 회사명의로 종신보험 2건을 들어주었다. 월 납입료가 501만 원이었다. 물론 살아오면서 그런 큰 금액의 보험을 들어본 적도 없었을 뿐 아니라 금전적으로도 부담이 되었다. 하지만 그녀에게 도움이 되었으면 하는 바람에서 들어주었다. 비록 당장은 경제적으로 힘들지만 김새해 작가가 빨리 잘되어서 선한 일도 많이 하며 행복하게 살기를 바라는 마음이 컸다.

그녀는 책이 출간되고 나서 얼마 지나지 않아 KBS 〈아침마당〉 생방송에 출연했다. 그 후 상담, 코칭, 강연 등을 활발히 펼치는 등 인생의 크기가 책을 쓰기 전과 비교했을 때 상상도 못 할 만큼 커졌다. 김새해 작가는 책을 소개하는 유튜버로 활동하면서 명성을 얻게 되었다. 당시 나는 그녀가 초심을 잃지 않기를 바랐다. 나를 통해 작가, 코치, 상담가, 강연가 등의 꿈을 이룬 그녀가 한순간에 나락으로 떨어지는 일이 일어나지 않았으면 하는 바람에서였다. 나는 나를 만난 사람들이 과거보다 손톱만큼이라도 더 나은 삶을 살기를 바라는 마음으로 가르치고 있다.

성공하는 사람은 하고, 실패하는 사람은 하지 않는 '이것'

나는 그동안 1,100명의 평범한 사람들이 책을 펴내도록 완벽하게 코칭했다. 2021년에는 200명의 사람이 나에게 코칭을 받아 단 1~2개월 만에 책을 썼고, 2022년에는 100명의 사람이 책을 펴냈다. 2년 동안 300명의 작가가 탄생한 것이다. 그들은 작가라는 타이틀을 달고 코치, 상담가, 강연가, 유튜버, 1인 기업가로 활동하고 있다. 한책협 책쓰기 퍼스널 브랜딩 교육과정을 수료했거나 나의 조언(상담, 컨설팅)을 받아 책 출간 후 브랜딩에 성공한 사람 중 대표적인 몇 명을 예로 들면 다음과 같다.

- 단희쌤(이의상) : 《마흔의 돈 공부》, 《지식산업센터로 월세통장 만들기》, 《그냥 오는 돈은 없다》

- 아이스 강 : 《TM 영업으로 억대 연봉 버는 법》
- 안규호(안대장) : 《나는 인생에서 알아야 할 모든 것을 영업에서 배웠다》, 《멘트가 죄다》, 《더 보스》
- 이지영 : 《엄마의 돈 공부》, 《꿈이 이루어지는 엄마의 가계부 2017》, 《엄마의 경제 독립 프로젝트》 등
- 김새해 : 《내가 상상하면 꿈이 현실이 된다》, 《돈의 신에게 배우는 머니 시크릿》 등
- 갓주아(이정은) : 《10년째 영알못은 어떻게 100일 만에 영어천재가 되었을까》, 《100일이면 나도 영어천재》, 《소리튠 영어혁명》 등
- 임동권 : 《10년 안에 꼬마빌딩 한 채 갖기》, 《신축 경매로 꼬마빌딩 한 채 갖기》, 《소액투자로 꼬마빌딩 한 채 갖기》 등
- 권민창 : 《잘 살아라 그게 최고의 복수다》, 《일생에 단 한 번은 독기를 품어라》, 《군대는 스펙이다》, 《응원해요 당신의 모든 날을》 등
- 최헌 : 《내 감정에 서툰 나에게》, 《안녕하세요, 자존감》, 《상사는 내 감정을 존중하지 않는다》
- 조헌주 : 《첫 문장 쓰기가 어렵다고요?》, 《자존감 있는 글쓰기》, 《비바수비다》, 《여행, 가장 나답게》, 《혼자 만화영화 좀 보는 게 어때서?》, 《미라클 모닝을 만드는 하루 1분 명상》
- 이채희 : 《나는 SNS 마케팅으로 월 3,000만 원 번다》
- 이하영 : 《나는 당신이 작은 얼굴을 가졌으면 좋겠습니다》, 《더 바이브》 등

- 김우창 : 《청년 백수에서 억대 연봉 콜센터 팀장이 된 비결》, 《생초보도 TM 영업으로 10억 버는 비법》, 《주린이도 평생 월급 받는 주식 투자 시스템》 등
- 유세미 : 《관계의 내공》, 《오늘도 출근하는 김 대리에게》 등

이들은 책을 써서 자신의 이름을 확실히 브랜딩했다. 지금은 자신이 좋아하는 일을 하면서 평범한 사람들은 감히 상상도 할 수 없는 고수익을 올리고 있다. 현재 내게 책 쓰는 법을 배워서 내 코칭 노하우를 마치 자신의 것인 양 써먹는 이들도 헤아릴 수 없을 정도로 많다. 그들을 작가로 만든 장본인이 나지만, 그들이 책 한두 권을 써내고 코칭하는 모습을 보면 기분이 마냥 좋지만은 않다. 그들에게 코칭을 받았다가 다시 나에게 교육받은 사람들이 너무나 많기 때문이다. 그 사람들에게 그저 미안할 뿐이다.

불과 10년 전만 하더라도 책 쓰기에 관심을 갖는 사람들 대부분이 직장인이었다. 하지만 지금은 그렇지 않다. 학생, 주부, 경단녀, 심지어 무직자들도 있다. 주부들은 취미생활이나 아이를 키운 경험, 살림 솜씨, 정리 정돈 비법, 요리에 관한 책을 쓰려고 한다. 직장인들은 몸담은 분야나 맡은 업무, 취미 등의 콘텐츠로 책을 쓰고 있다. 주제는 달라도 그들이 책을 쓰는 목적은 오늘과 같은 삶에서 벗어나기 위해서다. 눈부신 인생 2막을 위한 준비로 퍼스널 브랜딩을 택한 것이다.

무작정 열심히 하는 것 대신 이렇게 해야 부자가 된다

나는 사람들에게 인풋만 하는 독자에서 아웃풋을 하는 저자로 이동하라고 말한다. 독자에서 저자로 바뀌면 또 다른 세상이 열린다. 독자는 저자의 책을 읽어주는 수동적인 사람에 지나지 않는다. 하지만 책을 써서 저자가 되면, 독자들에게 내 지식과 경험, 철학을 들려주는 능동적인 사람으로 거듭나게 된다. 나는 이를 '신분 상승'이라고 표현한다. 즉, 평민에서 양반이 되는 것이다. 양반이 되면 자존감이 높아질 뿐 아니라 마음가짐이 달라져 인생을 더욱 긍정적이고 활기차게 살게 된다. 주도적인 삶을 살게 된다는 말이다.

자신이 쓴 책이 서점에 진열되어 있고, 당신의 책을 사람들이 돈을 주고 산다고 상상해보라. 그들이 당신에게 이메일로 팬레터를 보내는 모습, 많은 독자 앞에서 저자 강연회를 하는 모습, 그들에게 정성껏 사인을 해주고 있는 자신의 모습…. 이런 상상만으로도 설레다 못해 뿌듯함으로 가슴이 세차게 뛰지 않는가.

지금은 퍼스널 브랜딩이 되어 있지 않은 사람은 성공은커녕 생존마저 위협받는 시대다. 모두 생존하기 위해, 경제적 자유를 위해 자신의 이름으로 된 책을 쓰고 있다. 책을 쓰면 인생의 많은 부분이 달라진다는 것을 잘 알고 있기 때문이다. 그래서 바쁜 와중에 책 쓰기를 우선순위에 두고 키보드를 부지런히 두드리는 것이다.

성공하고 싶다면 당장
'이것'을 시작하라

성공한 사람과 성공하지 못한 사람의
단 한 가지 차이

내게 이런 질문을 하는 사람들이 많다.

"저는 학교 다닐 때 한 번도 글쓰기와 관련해서 상을 받아본 적이 없어요. 이런 제가 책을 쓸 수 있을까요?"

"책을 쓰려면 문법에 대해 잘 알아야 할 텐데, 저는 그저 워드프로세서만 치는 수준이에요. 괜찮을까요?"

많은 사람이 문장력이 좋거나 글쓰기 실력이 뛰어나야 책을 쓸 수 있다고 생각한다. 그래서 책 쓰기는 특별한 사람들에게만 가능한 일이라고 여긴다. 작가들은 필력을 타고났거나 어렸을 때부터 남들보다 글을 잘 썼을 것이라는 편견을 지니고 있는 것이다. 그러면서도 마음 한 구석에서는 '나도 내 이름으로 된 책 한 권을 낼 수 있다면 얼마나 좋을까?' 하는 생각이 떠나지 않는다.

서점에 가보면 하루에도 헤아릴 수 없을 정도의 책들이 쏟아져 나온다. 사실 그 책들을 써내는 저자들 가운데 대부분은 문예창작학과나 국어국문학과 출신이 아니다. 아이러니한 것은 문예창작학과와 국어국문학과 출신자들은 그렇지 않은 사람들에 비해 문장력뿐만 아니라 문법에 해박한데도 책을 쓰지 않는다. 왜 그들은 책을 쓰지 않는 것일까? 내 개인적인 견해로는 그들이 받은 정형화된 교육으로 인해 자신이 작가가 될 수 있다는 생각을 하지 못하기 때문인 것 같다. 문학을 전공한 사람들 대부분은 신춘문예나 문예지 공모전 등을 통해 등단해야 공식적으로 작가가 된다고 생각한다. 따라서 등단하지 않은 상태에서 책을 쓸 생각을 하지 못하는 것이다. 그래서 충분히 책을 쓸 수 있는 실력이 있는데도 작가가 아닌 독자로 살아간다. 문예창작학과나 국어국문학과에서 학생들을 가르치는 교수들조차 저서가 몇 권 안 된다.

나는 25년 동안 1,500여 권의 책을 기획, 300여 권의 책을 집필했다. 그렇다고 국어국문학과나 문예창작과 전공자인 것도 아니다. 2년제 대학을 다니면서 시를 쓰고, 글쓰기를 했다. 그런데도 일 년에 많게는 20권가량의 책을 썼다. 그동안 책을 쓰면서 한 가지 깨달은 것이 있다. 책 쓰기와 글쓰기는 전적으로 다르다는 것이다. 베스트셀러 작가들 역시 이력을 살펴보면, 글쓰기와는 거리가 먼 전공 출신자들이 대부분이다. 그들은 이런저런 계기로 인해 자신의 이름을 걸고 책을 썼고, 작가가 되었다. 그 후 상담가, 코치, 강연가, 유튜버, 1인 창업가 등으로 활동하며 직장인들은 상상도 할 수 없는 고액의 수입을 올리고 있다.

그동안 나에게 교육을 받아 작가, 코치, 강연가, 유튜버, 1인 창업가로 활동하는 사람은 부지기수다. 그들 가운데 월 수천만 원에서 수억 원의 수입을 올리는 사람들도 적지 않다. 그들의 성공은 글쓰기, 책 쓰기에서 시작되었다. 그러니 자신이 하고 싶은 일을 하면서 경제적 자유인이 되고자 한다면 만사를 제치고 책부터 써야 한다.

책을 쓰는 일은 생각보다 단순하다

나는 사람들에게 "자신이 책을 쓸 수 없다는 편견부터 깨라"는 말을 자주 한다. 그러지 못하면 결코 독자에서 저자로 거듭날 수 없다. 이는 달걀 껍데기를 깨지 못해 계란 프라이를 만들 수 없는 것과 다르지 않다. 책을 쓰는 데 있어 문장력이 아주 뛰어날 필요는 없다. 나는 당신이 휴대전화 문자 메시지, 카카오톡 메시지, 인스타그램에 글을 쓰는 정도의 실력이면 충분히 책을 쓸 수 있다고 생각한다. 그동안 내가 코칭해서 작가가 된 사람들 가운데 워드프로세서도 한번 다루어본 적이 없는 사람들도 있었다. 나는 그런 그들의 간절함 하나만 보고서 그들을 가르치기로 했다. 그들이 보내온 자기소개서를 면밀히 읽어보고 써야 할 주제를 기획해주었다. 그러면서 워드프로세서로 글을 쓰는 연습을 시켰다. 제목과 목차 만드는 법에 대해 알려주었고, 그들이 직접 만든 제목과 목차들을 일일이 검토하고 첨삭해서 완벽한 목차가 나오도록 코칭했다. 이때 나는 그들과 거의 실시간으로 전화나 문자 메시지, 카카오톡으로 소통한다. 그들은 궁금한 점이 있거나 의문이 들 때, 언제든 내게 연락해서 조언을 구했다. 이런 과정을 통해 대부분 1개월에서 2개월 만에 원고를 완성하고, 출판 계약 후 책을 출간하고 있다.

2022년 5월, 충북 옥천군에서 사는 50대 초반의 여자분이 나에게 상담 요청을 했다. 그녀가 나를 만나고자 했던 이유는 성공자의 에너지를 느껴보기 위해서였다. 한 시간 동안 상담하면서 그녀는 그동안 어떻게 힘든 삶을 살아왔는지, 그 삶에서 벗어나기 위해 어떻게 자기계발을 해왔는지 이야기했다. 그녀는 너무 힘든 나머지 4년 동안 절에 들어가 비구니 생활을 했던 적도 있었다. 그 생활도 너무 힘들어 다시 세상으로 나와 최저 임금을 받으며 경리 일을 하고 있다고 했다. 나는 그녀에게 빈 껍데기 같은 자기계발에 귀한 시간과 돈을 낭비하지 말라고 말해줬다. 성공해서 책을 쓰는 것이 아니라 책을 써야 성공한다고 말해줬다. 이 말들과 함께 책 한 권이 어떻게 사람의 인생을 달라지게 만드는지 자세히 설명했다. 그녀는 이제야 진짜 자기계발이 뭔지 알게 되었다며 책 쓰기 교육과정에 등록했다. 나는 그녀가 제출한 자기소개서를 수십 번 읽어보면서 그녀에게 가장 적합한 주제를 정해주었다.

누구보다 관심과 애정을 가지고 코칭했다. 그녀는 1개월 만에 원고를 완성했고, 한 출판사를 만나 책을 출간하게 되었다. 《나의 하루는 새벽 4시 30분에 감사로 시작된다》라는 책이다. 그녀가 바로 김유니 작가다. 그녀는 작가 타이틀을 가지고 유튜버로도 활동하고 있다. 나를 만나기 전과 만난 후의 삶은 그야말로 백팔십도로 달라졌다.

일의 노예에서 벗어나게 해준 책 쓰기

책을 쓰고자 하는 의지만 있다면 누구나 작가가 될 수 있다. 다음은 그동안 내가 1,100명의 사람을 교육하면서 깨닫게 된, 보통 사람들도 빠르게 책을 쓸 수 있게 해주는 요건들이다.

첫째, 원고 완성 후 출판사와 출판 계약을 하게 되면 출판사에서 원고의 오탈자를 점검하고, 교정교열을 몇 차례에 걸쳐 진행한다.

둘째, 출판사는 완벽한 문장력이 아닌 시장성, 즉 주제, 콘셉트, 콘텐츠 위주로 원고를 검토한다.

셋째, 책 쓰기는 글쓰기와 달리 자신의 지식과 생각, 경험, 삶의 깨달음, 노하우 등을 일기처럼 써나가면 된다.

이 세 가지 책 쓰기 요건들에 대해 자세하게 설명하겠다.

첫째, 원고 완성 후 출판사와 출판 계약을 하게 되면 출판사에서 원고의 오탈자를 점검하고, 교정교열을 몇 차례에 걸쳐 진행한다.

: 저자는 문장을 자신의 능력껏 최대한 잘 쓰도록 노력하면 된다. 물론 원고 내용 가운데 오탈자나 문맥이 맞지 않는 부분들도 있을 것이다. 그렇다고 해서 크게 신경 쓸 필요는 없다. 원고를 쓰다 보면 오타가 나거나 문맥이 맞지 않을 때 한글 프로그램의 자체적인 맞춤법 검사 시스템이 작동해 빨간 줄이 그어진다. 이것만으로도 웬만한 오탈자는 수정할 수 있다. 원고를 퇴고할 때는 최선을 다해 교정교열을 봐야 한다. 하지만 미흡한 부분은 나중에 계약한 출판사의 편집자나 오탈자와 교정교열을 봐주는 전문가의 도움을 받을 수 있다.

둘째, 출판사는 완벽한 문장력이 아닌 시장성, 즉 주제, 콘셉트, 콘텐츠 위주로 원고를 검토한다.

: 출판사는 저자의 문장력만을 책 출간의 기준으로 보지 않는다. 물론 문장력이 좋으면 훨씬 낫다. 하지만 문장력보다 더 중요하게 생각하는 기준이 있다. 시대의 트렌드나 원고의 주제와 콘셉트, 콘텐츠 위주로 판단해 책을 펴낼 것인지, 말 것인지를 결정한다. 사실 문장력을 책 출간의 기준으로 삼는다면 국어국문학과나 문예창작과 출신자들은 대부분 작가가 되어야 하지 않을까?

셋째, 책 쓰기는 글쓰기와 달리 자신의 지식과 생각, 경험, 삶의 깨달음, 노하우 등을 일기처럼 써나가면 된다.

: 글쓰기를 하려다 보면 서론부터 완벽하게 쓰려고 고심하게 된다. 대부분의 사람들은 글을 쓰기 시작한 후 한두 시간 동안 키보드만 만지작거리다가 "에라, 못 쓰겠다"라며 포기하고 만다. 그러나 책을 쓰는 일은 이와 다르다. 첫 문장을 잘 쓸 필요가 없다. 꼭지 제목에 맞춰 자신이 하고 싶은 말(지식, 생각, 경험 등)을 써나가면 된다. 한 문장, 한 문장 개별적으로 보면 뛰어난 문장이 아닐지라도 한 문단 전체를 읽어보면 독자에게 감흥을 주는 콘텐츠가 완성된다.

현재 많은 사람이 출근 전, 퇴근 후 시간에 부지런히 원고를 쓰고 있다. 이제는 세상에 나를 드러내지 않으면 생존할 수 없다는 것을 잘 알기 때문이다. 퍼스널 브랜딩을 하는 데 책만큼 효과적인 것은 없다. 책을 쓰기 전과 책 출간 후의 삶은 너무나 다르다. 그리고 한 권, 한 권 저서가 늘어날 때마다 정말 그동안 상상하지 못했던 기적 같은 일들이 찾아온다.

책을 쓰기 위해 가장 중요한 것은 용기와 자신감이다. 문장력보다 내 이름으로 된 책을 반드시 쓰겠다는 각오와 노력이 더 중요하다. 당신도 책을 쓸 수 있다. 책은 아무나 쓰는 것이기 때문이다. 나는 그동안 중졸, 고졸, 전문대학 졸업, 심지어 직업이 없는 무직자들도 코칭해서 단 몇 개월 만에 작가로 퍼스널 브랜딩 해주었다. 그러니 당신도 책을 쓸 수 있다는 자신감을 가져라. 그 자신감이 당신의 운명을 바꿔 놓을 것이다.

책 쓰기는 자기계발의
끝판왕이다

성공하기 위해 필요한 것은?

삶은 선택의 연속이다. 이 순간에도 선택의 갈림길에 서 있는 분들이 있을 것이다. 이때 다양한 선택지 가운데 어떤 선택을 하느냐에 따라 미래는 완전히 달라진다. 그렇게 성공은 지혜로운 선택으로 만들어진다.

정호승 시인은 《내 인생에 용기가 되어준 한마디》에서 돌이켜 보면 인생의 벽 앞에서 돌아서는 일이 많았지만, 그래도 벽을 문으로 만들려고 노력한 적은 있었다고 한다. 인생의 꿈이 원하는 삶을 사는 것이어서, 인생이라는 시간을 자신이 주인이 되어 오로지 시를 쓰는 일에 사용하는 것이어서, 잘 다니던 직장을 두 번이나 스스로 그만두었다고 한다. 국어교사와 잡지사 기자가 바로 그만둔 일이다. 하고 싶은 일을 하면서 가장의 역할을 하는 것이 꿈이었던 그는 41세가 되던 해에 사라져가는 꿈을 찾고 싶어 직장을 그만두었다. 돌아보면 그나마 벽을 뚫고 스스로 문을 열고 나왔기에 보다 자유로운 삶을 살게 된 것 같다고 고백한다.

그에게 시를 쓰는 일이란 가슴이 시키는 일이었다. 그는 직장생활을 하면서도 가슴 한편에는 시를 쓰며 살고 싶다는 소망이 있었다. 그가 가졌던 소망은 결국 여러 번 직장을 옮겨 다니게 했다. 결국, 시와 글을 쓰게 했다. 그때의 선택이 그를 우리나라 최고의 시인으로 만들었다. 그때 쓴 시집《외로우니까 사람이다》는 20만 부 이상 판매된, 1990~2000년대를 대표하는 베스트셀러가 되었다. 그 후 그는 다양한 시집과 에세이 등을 펴내 많은 이들에게 위로와 용기, 희망을 전해주었다. 시와 글을 쓰고 틈틈이 강연을 통해 독자들과 만나는 지금, 그는 "그 누구보다 행복하다"라고 말한다.

자본주의 사회에서 평범한 사람이 성공하는 비결은 자신을 알리는 것이다. 세상에 자신을 알리는 홍보, 마케팅 수단은 책 쓰기가 단연 최고다. 그래서 미국에서는 수백 년 전부터 수많은 사람이 책을 썼다. 그들은 책을 써서 퍼스널 브랜딩 한 후 많은 사람 앞에서 강연했다. 소설가 마크 트웨인(Mark Twain), 성공학의 대가 나폴레온 힐(Napoleon Hill)과 인간관계론의 대가 데일 카네기(Dale Carnegie), 네빌 고다드(Neville Goddard)도 책을 써서 자신을 알린 사람들이다. 우리가 그들을 아는 이유는 그들이 책을 썼기 때문이다.

책을 써야 하는 이유 가운데 하나를 꼽는다면, 지금 하는 일에 대한 전문가로 대중의 인정을 받게 되기 때문이다. 대중들은 '이 사람은 책까지 썼으니 대단한 내공이 쌓였을 것이다', '얼마나 많은 것을 알고 있기에 책까지 출간했을까? 기회가 되면 한번 만나보고 싶네' 이렇게 판단하고 신뢰하게 된다. 그래서 유명하거나 잘나가는 사람들을 보면 거의 다 여러 권의 저서를 가지고 있다.

제발 그만 열정을 좇고, 대신 '이것'을 해보세요

2022년 1월, 미국 샌프란시스코의 사업가 한 분이 한책협 책 쓰기 교육에 등록했다. 당시 그녀는 여러 개의 사업을 벌이고 있었는데, 모두 어려움을 겪고 있어 폐업을 생각하고 있었다고 한다. 그러다 나의 유튜브 영상을 보고, 현재 자신이 어려움에 빠진 이유가 퍼스널 브랜딩이 되지 않았기 때문이라는 것을 깨닫게 되었다. 그녀 역시 다른 사람들과 마찬가지로 "성공해서 책을 쓰는 것이 아니라 책을 써야 성공한다!"라는 말에 큰 충격을 받았다고 했다. 한책협은 직접 교육 센터로 와서 수업을 듣는 방식이 아니라 온라인 줌 화상 수업을 진행하고 있다. 미국에 사는 그녀가 아무런 어려움 없이 교육과정에 등록할 수 있었던 이유다. 1월 28일 저녁에 책 쓰기 교육 첫 수업이 진행되었다. 미국 샌프란시스코의 시간으로는 새벽이었다. 첫 수업을 듣고 나서 그녀가 남긴 후기에 보면 '수업을 들으면서 너무나 기쁘면서도 흥분이 되어 잠을 이루지 못하고 그대로 아침을 맞았다. 간만에 가슴 뛰는 일을 하게 되어 정말 행복하고, 머릿속은 온통 책이 출간되어 베스트셀러가 되는 상상으로 가득 차 있다. 이 상상만으로도 세상을 다 얻은 듯하다'라고 쓰여 있다. 나는 최고의 노하우를 진심을 다해 그녀에게 코칭했고, 그 결과 2월 18일에 출판 계약에 성공할 수 있었다. 그녀는 너무나 기쁘다고, 도저히 믿기지 않는다고 말했다. 너무나 기쁜 나머지 샌프란시스코에서 특별수송으로 선물까지 보내오기도 했다. 그리고 5월 16일에 드디어 《나는 행복한 엄마 창업가입니다》라는 책이 세상에 나왔다. 이 책 제목은 그녀가 제출한 제목 과제를 보고 내가 첨삭해 지어준 제목이었다. 미국 샌프란시스코에서 단 4개월 만에 책을 출간한 그녀는 강진애 작가다. 그녀를 가르친 스승으로서 너무나 감격스러운 순간이었다. 책 출간 후 그동안 자신과 상품의 가치를 저평가해온 고객들이 인정해주기 시작했다고 한다. 그녀는 내게 사업을 접지 않고 책을 쓴 게 너무나 잘한 선택이었다고 말했다.

일반인이 성공할 수 있는 가장 현실적인 방법

책 쓰기 퍼스널 브랜딩 교육과정에 참여한 사람 중에 박영신, 전희정 작가가 있다. 박영신 작가는 교사로 재직 중이고, 전희정 작가는 영어 사회 진행자와 영어 프레젠테이션 통역사로 활동하고 있다. 그들은 너무나 책을 쓰고 싶었다고 한다. 어디서 책 쓰기 교육을 받을까 고민하다 나를 찾아왔다는 것이다. 이들은 교육과정 수강 후 단 3주 만에

A4 용지 100장 분량의 원고를 완성했다. 내가 그들의 원고를 검토한 후 출판사에 투고했다. 투고 후 10분 만에 수십 군데의 출판사에서 계약하자는 문자 메시지, 전화가 쇄도했다. 그리고 바로 한 출판사와 출판 계약을 하게 되었다. 그들은 내게 생애 최고의 경험을 하고 있다며 기쁨을 감추지 못했다. 박영신 작가는 《내 아이 미래를 결정하는 자존감 육아법》을 펴냈고, 전희정 작가는 《완벽한 영어공부법》을 펴내 많은 사랑을 받았다.

나는 사람들에게 이런저런 도움이 안 되는 자기계발을 10년 동안 하는 것보다 책 한 권 쓰는 것이 훨씬 낫다고 말한다. 책 쓰기야말로 '자기계발의 끝'이기 때문이다. 책을 쓰고 나면 다른 자기계발은 전혀 눈에 들어오지 않는다. 사람들이 자기계발 하는 목적은 지금보다 더 나은 삶을 살기 위함 아닐까. 책을 쓰고 나면 나를 알아주는 사람들, 찾는 사람들이 생겨난다. 심지어 전문가 대접을 받으며 상담과 코칭 요청을 받게 된다. 게다가 여기저기서 강연 요청이 오기도 한다. 이런 상황에서 굳이 영어공부를 하거나 자격증을 따거나 대학원에 들어가 몇 년간 공부할 필요성을 느끼게 될까.

하지만 안타깝게도 이 말은 소수의 사람에게만 와 닿을 뿐이다. 다수의 사람에게는 허공의 메아리와 같이 들릴 뿐이다. 그들은 그 좋은 말을 한쪽 귀로 흘려버린다. 왜 그럴까? 앞에서도 말했듯 책은 아무나 쓸 수 없다는 편견 때문이다. 책 한 권이 인생에 미치는 영향력에 대해 무신경하기 때문이다. 이들에게 아무리 성공해서 책을 쓰는 것이 아니라 책을 써야 성공한다고 외쳐도 관심을 보이지 않는다. 그동안 해왔던 대로 아무 생각 없이 이 책 저 책 읽을 뿐이다. 온라인 플랫폼에 올라 있는 여러 강좌를 수강하면서 시간과 돈을 낭비한다.

평범한 내가 책을 썼듯이 누구나 책을 쓸 수 있다. 지금의 내가 가진 스펙들은 책을 쓰면서 생겨난 것들이다. 이 말은 책을 쓰기 전부터 그 스펙들을 가지고 있었던 게 아니라는 뜻이다. 내가 교육한 많은 사람이 책 출간 후 상담과 코칭, 컨설팅, 강연, 유튜브 등의 활동을 하고 있다. 책 쓰기 전과 책 쓴 후의 그들의 모습만 봐도 왜 책 쓰기가 자기계발의 종결판인지 알 수 있다.

아직 성공하지 못한 사람들이 놓친 것

김은숙 작가는 서울 강남에서 자기주도학습학원을 운영하고 있다. 그녀는 대학생인 자신의 딸 정현지 양의 책 쓰기 교육과정 수업료를 결제하기 위해 한책협을 찾았다가 함께 참여하게 되었다. 나는 이 모녀 작가를 비롯해 10여 명의 수강생에게 1주 차 책 쓰기 수업 때 그들 각자에게 맞는 주제를 정해주었다. 그들이 잘 쓸 수 있고, 중도에 포기하지 않고 끝까지 쓸 수 있는 주제였다. 이때 나는 출판사들도 좋아할 만한 주제인지, 책 출간 후 다양한 수입 파이프라인을 만들 수 있는 주제인지 꼼꼼히 따져보고 나서 기획해주었다.

그러곤 수강생들에게 제목과 목차 만드는 법을 세세하게 알려주었다. 이어서 원고 쓰는 법과 출판사에 원고를 투고해 계약하는 법 등에 대해 세세하게 조언했다. 특히 모녀 작가는 한 달여 만에 초고를 완성했고, 탈고를 마친 후 출판사와 출판 계약을 했다. 김은숙 작가는 비전 코리아와 출판 계약을 해《마지막 반전을 위한 고3 공부법》이라는 책을 출간했다. 정현지 양은 쌤앤파커스 출판사와 출판 계약을 해《학교에 배움이 있습니까?》라는 책을 출간했다. 그동안 한책협을 통해 탄생한 모녀 작가는 너무나 많다. 엄마와 딸이 함께 책을 펴내고 작가가 된 모습을 볼 때면, 다른 수강생들에 비해 더 큰 보람을 느낀다.

《10년 안에 꼬마빌딩 한 채 갖기》라는 책이 있다. 이 책의 저자인 임동권 작가는 한책협을 만나기 전 혼자서 3년가량 원고를 썼지만, 출판사로부터 거듭 퇴짜를 맞았다. 당시 임 작가가 내게 했던 말이 지금도 생생히 기억난다. 자신은 그 어떤 사람이라도 10년 안에 꼬마빌딩 주인이 되게 해줄 만한 노하우를 갖고 있다고 했다. 그 비법을 원고로 써서 출판사에 보냈는데 모두 퇴짜를 맞았다는 것이다. 그때 나는 어떤 식으로 목차를 만들었는지 물었다. 역시나 초보 저자들이 저지르는 형식의 목차로 구성되어 있었다. 나는 임 작가에게 목차를 어떤 식으로 구성해야 하는지 세세하게 조언해주었다. 그 후 그는 목차를 다시 만들어 원고를 쓰기 시작했다. 거의 2개월여 만에 원고를 써내고 〈매일경제신문사〉와 출판 계약을 맺는 데 성공했다. 몇 달 후《10년 안에 꼬마빌딩 한 채 갖기》가 출간되었는데 바로 베스트셀러가 되었다. 몇 달 만에 5만 부가 팔렸다고 했다. 정말 감사하다며 임 작가가 우리 부부와 한책협의 코치진에게 참치전문점에서 식사를 대접해주었다. 그때 내가 궁금해서 인세를 얼마나 받았는지 물어봤다. 그러자 그가 인세

금액을 이야기해주었는데, 평범한 직장인들은 상상도 못 하는 상당한 크기의 액수였다. 보통 1만 권이 판매되면 작가가 출판사로부터 받는 인세가 1,000만 원에서 1,500만 원 정도가 된다. 임 작가가 받은 인세가 어느 정도인지 짐작이 갈 것이다.

부자가 되려면 빠르게 행동하라!

나는 내가 쓴 책들과 유튜브 영상에서 "보통 사람들이 성공하기 쉬운 길은 책을 쓰는 일입니다"라고 당당히 말한다. 지금 자신이 관심 있는 한 분야를 잡아 꾸준히 공부함으로써 지식을 축적해 나간다면, 그 지식을 토대로 책을 쓸 수 있는 콘텐츠를 모을 수 있다. 다들 이런 방법으로 책을 쓴다.

수명이 60세 정도에 불과하던 과거에는 은퇴 이후의 삶이 말 그대로 '여생(餘生)'이었다. 하지만 100세를 바라보는 지금은 은퇴 이후의 삶이 인생의 절반을 차지하는 시대가 되었다. 절반의 인생을 아무리 열심히 남부럽지 않게 살아왔더라도 남은 절반의 인생이 비참하다면 인생 전체가 비참하게 마감된다.

나는 대학생, 직장인, 주부 그리고 다양한 연령층의 사람들에게 행복하고 풍요로운 인생 2막을 위해 책을 쓰라고 강력하게 말한다. 특별한 재주나 자본이 없어도 누구나 마음만 먹으면 가능하기 때문이다. 은퇴했다고 해도 늦은 것이 아니다. 시간이 없어 미루어왔다면 책 쓰기에 집중할 수 있는 시기로 활용하면 된다. 그러면 은퇴 후 미래에 대한 막연한 불안감도 사라지고, 차분하게 자신의 인생 2막을 준비하는 계기가 될 수 있다.

당신이 성공하지 못하는
진짜 이유

당신이 아직 성공하지 못한 이유

요즘 주위에는 대학원에서 석박사 과정을 공부하고 있는 직장인들이 꽤 있다. 그들에게 왜 석사, 박사를 하려고 하느냐고 물어보면 돌아오는 대답은 한결같다.

"많은 사람이 자기계발을 합니다. 저도 뭐라도 해야 하긴 하겠는데 무얼 해야 할지 통 모르겠어서 대학원에 들어가게 되었습니다."

"직장을 그만둘 때를 생각하면 미리 학위라도 따놓는 게 낫지 않나 해서요."

다들 그저 남들이 대학원에 가니까 나도 간다는 식으로, 현실이 불안하고 미래가 막막해서 지푸라기라도 잡는 심정으로 석박사 과정을 시작한다. 과연 이렇게 시작하는 공부가 제대로 성과를 낼 수 있을까? 대학원을 나온다고 해서 현실이 얼마나 달라질까? 장담하건대 대학원을 다니지 않았을 때나 나왔을 때나 별반 차이가 없을 것이다. 그런데도 잉여 학위가 넘쳐나는 것은 암담한 지금 현실의 본질적인 원인을 모르기 때문이다.

요즘은 박사 학위를 가진 이들이 많다 못해 과잉 상태가 되어버렸다. 그러다 보니 박사 학위는 그저 평범한 스펙이 되어버렸다. '고학력 실업자'라는 달갑지 않은 꼬리표를 단 사람들도 급증하고 있다. 수도권 대학에서 박사 학위를 받은 한 분은 현재 대학교 시간 강사로 생계를 해결하고 있다.

진짜 부자들은 0.1% 이것이 다르다

2019년 1월, 강남에서 성형외과를 운영하는 한 분이 한책협을 찾아왔다. 병원 홍보, 마케팅을 고민하던 중에 병원장인 자신을 브랜딩 하기로 했다고 했다. 물론 병원 운영이 잘 안되어 찾아온 것은 아니었다. 재력가에다 병원 운영이 잘되고 있었지만, 잘나갈 때 퍼스널 브랜딩을 하기로 한 것이다. 병원장이 알려지면 덩달아 병원도 홍보가 되기 때문이다.

그는 나와의 상담을 거쳐 2월에 시작하는 책 쓰기 퍼스널 브랜딩 교육과정에 등록했다. 그리고 2월 14일부터 책 쓰기 교육과정이 시작되었다. 3월 15일에는 목차가 완성되었고, 한 달 만인 4월 13일에 A4 용지 100장 분량의 원고가 완성되었다. 그리고 사흘 후인 16일에 마침내 출판사와 출판 계약에 성공했다. 그가 나에게 책 쓰기 교육을 받은 지 2개월 만에 작가의 꿈을 이루어낸 것이다. 6월에 《나는 당신이 작은 얼굴을 가졌으면 좋겠습니다》가 출간되었다. 그가 바로 이하영 병원장이다.

그는 한책협에서 진행하는 오프라인 특강에 참석해 책 출간 후에 일어난 기적 같은 소식들을 전해주었다. 가장 인상 깊었던 것이 책 출간 후 한 달 동안 100명의 환자가 병원에 성형을 예약해왔다는 것이었다. 객단가를 100만 원이나 인상했음에도 책 출간 전보다 더 많은 환자가 모여들었다고 했다. 그가 그런 후일담을 발표할 때 그 자리에 있던 사람 50여 명이 박수갈채를 보냈던 기억이 지금도 생생하다. 이하영 원장은 그 후에도 꾸준히 책을 집필했다.

그의 삶은 책 출간 후 많은 부분이 달라졌다. 먼저 람보르기니와 페라리를 타고 다니는 내 모습을 보고, 자동차에 대한 관점이 바뀌었다고 했다. 그동안은 고급 세단 위주로만 탔다면, 나를 알게 된 후 람보르기니 우루스를 구입한 것이다. 왜 슈퍼카를 타는지 알게 되었다면서.

그는 기쁜 소식이 있을 때마다 내게 전화와 카카오톡으로 알려주곤 했다. 2년 전 여름, 이 원장은 서울 성수동 아크로서울포레스트에 입주한 후 우리 부부를 초대했다. 그날 정말 그와 필름이 끊길 정도로 술을 마셨던 기억이 난다. 나는 이하영 원장이 앞으로 더 크게 성공하는 삶을 살기를 바란다.

세상에는 자신이 관심 있는 분야의 이야기를 책으로 펴내 인생 역전한 사람들이 많다. 그 가운데 정재승 카이스트(KAIST) 교수가 있다. 그는 '인간의 뇌는 어떻게 선택을 하는가'라는 주제를 연구하는 물리학자로 잘 알려져 있다. 그는 저서 《과학 콘서트》의 출간 후 얼마 지나지 않아 카이스트 교수로 채용되었다. 그가 펴낸 책은 그를 세상에 확실히 브랜딩 해주었다. 그는 과거 한 해에 강연 요청만 700건이 넘게 들어오기도 했다. 시간이 한정되어 있는 만큼 그는 모든 강연 요청에 응할 수 없지만 그래도 틈틈이 강연하고 있다. 책을 출간하게 되면 평범한 사람에게도 TV나 라디오 프로그램에 출연할 기회가 주어지기도 한다. 나를 비롯해 내가 가르친 수많은 제자가 그랬다. 정재승 교수 역시 tvN 〈알쓸신잡〉, 〈어쩌다 어른〉, SBS 예능 프로그램 〈집사부일체〉 등에 출연한 바 있다.

물론 그 역시 책을 쓰기 전까진 너무나 평범했다. 지금처럼 교수도, 유명인도 아니었기에 당연히 경제적으로 곤궁할 수밖에 없었다. 그랬던 그는 첫 저서 《물리학자는 영화에서 과학을 본다》에서 과학과 인문학, 대중문화에 대한 조예와 글쓰기 실력을 유감없이 보여주었다. 이어서 《과학 콘서트》를 통해 한국 대중 과학서의 새로운 지평을 열었다는 평가를 받았는가 하면, 카이스트 교수로도 채용되었다. 《과학 콘서트》는 당시 29세의 그를 우리나라의 대표 과학글쟁이, 출판계의 블루칩으로 떠오르게 했다.

나는 사람들에게 "내 이름으로 된 한 권의 저서는 박사 학위보다 더 가치가 있다"라고 말한다. 사실 박사 학위를 따서 인생 역전하거나 꿈을 이룬 사람은 만나보지 못했다. 하지만 저서를 써서 비참한 인생을 눈부신 인생으로 만들고, 꿈을 실현한 사람은 수두룩하다. 그 가운데 재무설계 전문가이자 베스트셀러 작가인 고경호 씨가 있다.

그는 어린 시절 부모님의 이혼을 경험해야 했고, 20대를 가난과 절망 속에서 힘들게 살아야 했다. 자살을 시도했을 정도로 혹독하게 고통스러운 날들을 보내야 했다. 하지만 그는 《4개의 통장》이라는 책 출간을 계기로 베스트셀러 작가로서의 입지를 다졌다. 이 책은 《4개의 통장 2》와 함께 60만 부 이상 판매되며, 지금도 직장인과 재테크에 관심 있는 사람들 사이에 끊임없이 회자되고 있다. 그 후에도 그는 《나는 3개의 카드로 목돈을 만든다》,《고경호의 경제사용법》,《돈의 마법》 등의 책을 펴냈다. 평범한 제약회사 영업사원으로 사회생활을 시작한 그는 현재 국제공인재무설계사(CFP)이자, '돈 관리 코칭 전문가'로서 저술 활동 및 강연 활동을 하고 있다.

고경호 작가는 2016년 5월경 한책협에서 진행한 책 쓰기 특강에 참석했다. 나는 고 작가에게 무대 앞으로 나와 줄 것을 요청해 짧게 이야기를 나눌 수 있었다. 이미 여러 권의 책을 써서 베스트셀러 작가가 되었는데, 왜 굳이 특강에 참석했느냐고 물어봤다. 그러자 그는 일 년에 7권가량 다작하시는 공병호 박사님을 보곤 대단하시다는 생각이 들었다. 그런데 김태광 작가를 알게 된 후에는 공병호 박사님보다 더 많은 책을 내고 있는 이분이 더 대단하다는 생각이 들었고, 다작하는 비법이 궁금해서 참석했다고 말했다. 특강 참석 후 그가 한책협 네이버 카페에 직접 남긴 특강 후기에는 이런 내용이 적혀 있다.

"최근에 새 책(원고)을 탈고한 후 많이 지쳐 있는 상태였다. 특강 참여는 에너지를 충전해 가는 좋은 시간이었다."

나는 그를 보면서 역시 '저서가 박사 학위보다 더 힘이 세다'라는 것을 새삼 깨닫는다. 다음은 그의 저서에 실려 있는 약력이다. 이를 보면 저서의 힘이 얼마나 대단한지 알 수 있을 것이다.

20대를 지독한 가난과 우울의 늪에서 보냈지만, 현재는 꿈을 이루어 매일 만족하는 삶을 살고 있다. 그는 그토록 꿈꾸던 평범하고 행복한 삶을 일구게 만든 건 팔 할이 '시련'이라고 생각한다. (…) 2009년 발간된 그의 책 《4개의 통장》은 각종 인터넷서점에서 '올해의 책'으로 선정되며 직장인, 주부, 대학생 사이에 통장 관리 재테크의 열풍을 일으킨 바 있다. 그는 국제공인재무설계사(CFP), 돈 관리 코칭 전문가, 재무설계 스페셜리스트, 작가, 강연가 등 다양한 커리어를 보유한 재무설계 전문가다. 현재 '고경호 돈 관리 코칭연구소'를 설립해 돈 관리에 관한 집필과 강연 활동을 하고 있으며 프라이빗 뱅킹학 석사 과정을 밟고 있다. 또한, 생명보험사에서 VIP 고객의 재무상담 및 재무 설계사 양성 교육을 지원하는 스페셜리스트로 활동 중이다.

앞으로는 학벌보다 퍼스널 브랜딩이
더 중요하다

대체의학 박사, 안티에이징 컨설턴트로 활동 중인 신영아 작가가 있다. 그녀는 박사 학위까지 받았지만, 퍼스널 브랜딩이 되지 않아 좌절하고 있었다. 그녀는 만사 제치고 책을 쓰기로 결심하고 한책협을 찾아왔다. 나와의 상담을 거친 후 책 쓰기 퍼스널 브랜딩 교육과정에 등록했다. 신영아 작가는 2개월여 만에 원고를 완성했다. 그리고 책 《10년 더 젊어지는 미라클 건강법》을 출간했다. 이 제목은 내가 수업 중에 그녀가 제출한 제목 과제를 보곤 첨삭해 만들어준 것이었다. 출판사에서 아무리 고민해도 이것보다 더 나은 제목이 없어서 그대로 출간했다는 후문이다.

신영아 작가는 책 출간 후 퍼스널 브랜딩에 성공했다. 당시 책 출간 후 조용하던 삶이 바빠졌다고 말했던 기억이 난다. 여기저기에서 그녀를 초빙해주었기 때문이다. 박사 학위를 가진 사람이 책을 쓴다면 브랜딩은 더욱 빨라진다. 다양한 기회들을 끌어당기게 된다.

이제 더는 책 쓰기를 미루거나 간과해서는 안 된다. 이미 생존 키워드는 생존 독서에서 생존 책 쓰기로 바뀌었기 때문이다. 안 그래도 힘든 형편에 대출까지 받아가면서 대학원에 진학한들, 퇴근 후 바쁜 시간을 쪼개서 공부에 매달린다 한들 인생은 크게 달라지지 않는다. 그저 남들도 다 가진 학위를 자신도 가질 뿐이다.

인생에 큰 도움이 되지 않는 석사, 박사 학위를 취득하는 데 비싼 돈과 시간, 노력을 들여서는 안 된다. 불과 몇 년 후 그런 것들이 아무런 소용이 없음을 깨닫곤 후회하게 될 것이다. 학위가 미래를 보장해주지 않기 때문이다. 오히려 인생 2막을 준비할 시간을 놓치게 될 뿐이다. 사실 이보다 더 불행한 일은 없다. 시간은 그 어떤 것으로도 보상이 안 되기 때문이다.

남보다 빠르게 성공하는
의외의 방법

사람들은 대부분 '이것'을 몰라서
부자가 되지 못한다

많은 사람이 힘든 현실에서 벗어나고자 나를 찾아오고 있다. 최근 수강생들 가운데 가장 인상 깊었던 한 수강생이 있다. 하반신 마비 장애인으로서 현재 부산에서 교육공무원으로 14년째 근무하고 있는 박혜정 씨다. 그녀가 나를 처음 찾아온 날이 2022년 4월 14일이었다. 그녀는 나를 만나기 위해 부산에서 직접 내가 있는 곳까지 차를 몰고 왔다. 책을 너무나 쓰고 싶다면서.

그녀는 29년째 장애인으로 살아오면서 휠체어를 타고 22개국을 여행했다고 했다. 심지어 아이들과 함께 여행을 다녔다고 했다. 그녀와 이야기를 나누면서 나는 그녀가 대단한 열정의 소유자라는 생각이 들었다.

책 쓰기에 진심이었던 그녀는 부산의 한 구청에서 무료로 진행한 '12주 책 쓰기 과정'을 수강하게 되었다. 그녀가 말하길 강의 마지막 날 강사가 청중들에게 자신이 운영하는 책 쓰기 교육과정을 홍보하면서 "무조건 작가로 만들어주겠다. 책을 내게 해주겠다"라고 했다는 것이다. 그녀는 500만 원을 내고 일 년 동안 코치로부터 코칭을 받았다고 한다. 말이 코칭이지, 사실상 컨설팅 몇 번 정도였다고 한다. 주제도 혼자서 정했고, 제목과 목차도 거의 혼자서 만들었다고 했다. 원고 쓰는 방법도 알려주지 않아 혼자 글쓰기 하듯이 원고를 써야 했다. 혼자서 일 년 동안 A4 용지 107장에 달하는 원고를 써서 코치에게 검토를 부탁했다고 한다. 그러자 코치는 몇백만 원을 들여 리라이팅(윤문)을 받으라고 했다는 것이다. 자신에게서 거액의 등록금을 받고도 실질적인 코칭은커녕 또 돈을 들여 윤문을 받으라니, 너무 충격이었다고 한다. 그러던 중 내 책과 유튜브를 보곤 찾아왔다고 말했다.

그녀는 자신의 여행 경험을 간절히 책으로 쓰고 싶어 했다. 내가 진행하는 교육과정에 등록하고 싶어 하면서도 주저했다. 이번에도 책을 못 쓰면 어쩌지, 이런 두려움이 크다고 말했다. 그녀는 자신이 쓴 원고의 일부를 수정하면 되지 않겠느냐고 물어왔다. 다시 새로 원고를 쓰기가 두렵다는 것이었다. 나는 원고를 전면 수정하는 것보다 새로운 주제를 기획해 목차를 구성하고, 다시 원고를 쓰는 게 더 수월하다고 말했다. 그녀는 자신이 책을 쓸 수 있을까, 하는 두려움에 사로잡혀 있었다. 나는 그녀의 심정을 충분히 이해할 수 있었다. 나 역시 책 한 권을 내기 위해 4년 동안 수많은 원고를 출판사에 투고했지만, 500번 이상 거절당한 경험이 있었기 때문이다.

　나는 무조건 그녀를 단 몇 개월 만에 작가로 만들어주리라 마음먹었다. 그래서 그녀에게 이렇게 말했다. "3개월 안에 출판 계약이 안 된다면 교육비를 환불해주겠습니다. 각서까지 써드릴 수 있습니다." 상담할 때 각서 이야기를 한 경우는 그때가 처음이었다. 코치가 교육만 하면 되지, 그 결과까지 책임져줄 의무는 없기 때문이다. 하지만 그녀가 무엇을 두려워하는지 잘 알았기에 그렇게 말했다. 정말 나는 약속대로 만약 그녀가 3개월 안에 출판 계약을 하지 못했더라면 교육비를 환불해주었을 것이다. 그동안 내가 수강생들과의 약속을 지키지 않은 경우는 없었기 때문이다.

　나는 그녀에게 내 25년 책 쓰기 노하우를 모두 알려주었다. 나는 힘든 시기에 나를 찾아온 그녀가 단기간에 잘될 수 있도록 내 영혼을 갈아 넣어 주었다고 자신 있게 말할 수 있다. 그녀가 메일로 보내온 제목 과제를 보면서 문득 '그녀의 삶 자체가 기적이 아닌가!' 하는 생각이 들었다. 나는 출력한 과제물에다 빨간 펜으로 '시련은 축복이었습니다'라고 적었다. 그녀는 수료 후 1개월 만에 원고를 완성했다. 그리고 7월에 꿈에 그리던, 자신의 이름이 박힌 책을 출간했다. 나를 만난 지 3개월 만에 책을 출간한 것이다. 책 제목이 '시련은 축복이었습니다'였다. 내가 지어준 제목이었다. 이 제목은 아무리 고민해도 더 나은 게 없다는 출판사의 판단에 따라 그대로 사용된 것이다. 그녀는 내게 카카오톡으로 감사의 인사를 전해왔다. "대표님처럼 해주시는 분 정말 없습니다! 그건 제가 확실히 알죠"라며 "이제 좋은 생각만, 감사한 생각만 하겠습니다! 대표님이 베풀어주신 엄청난 은혜에 어떻게 보답해야 할지 모르겠습니다. 감사한 마음을 어떻게 표현해야 할지 고민됩니다"라고 했다. 나는 처음 나를 찾아왔을 때 박 작가에게 했던 약속을 지켰다.

책 출간 후 그녀의 삶은 백팔십도로 달라졌다. 그녀는 책이 출간된 지 2개월 만인 9월에 KBS 〈사랑의 가족〉 프로그램에 출연했다. 작가이자 하반신 마비 장애인의 삶을 방송에서 여과 없이 보여주었다. 그녀의 모습을 보며 많은 사람이 용기와 희망을 얻었을 것이다.

배움을 돈으로 바꾸는 진짜 자기계발을 하라!

세상에는 두 부류의 사람이 있다. 세월이 흐를수록 잘나가는 사람과 갈수록 더욱 힘들어지는 사람이다. 전자는 인생이 이끄는 대로 살지 않는다. 때로는 직업을 그만두고 다른 일에 도전하기도 하면서 주도적인 인생을 살아간다. 반면에 후자는 지금 하는 일에서 어떤 성취감이나 보람을 느끼지 못해도 참고 일한다. 다른 일에 도전하고 싶은 마음이 있더라도 실패에 대한 두려움 때문에 이내 포기하고 만다.

정진홍 씨는 저서 《마지막 한 걸음은 혼자서 가야 한다》에서 10년 전 대학교수로 재직할 당시, 자신에게 "'직'으로 삶을 마감할래? 아니면 '업'으로 삶을 다시 시작할래?라고 사생결단하듯 마음 바닥을 치는 물음을 던졌다"라고 고백했다. 그러면서 그는 "교수'직'을 그만두고 콘텐츠 크리에이터라는 새로운 '업'에 도전한 것이 내 인생에서 가장 잘

한 결정"이라며 "그 덕분에 안주하는 삶이 아니라 도전하는 삶을 살수 있었고, 내 안의 가능성의 금광을 찾아낼 수 있었다"라고 강조한다.

정진홍 씨는 인문학적 깊이와 날카로운 통찰로 대한민국 리더들을 감동시키는 콘텐츠 크리에이터로 손꼽힌다. 그가 쓴 인문학 분야의 책들은 독자들로부터 꾸준한 인기를 얻고 있다. 몸값 높은 강연가에 속하는 그는 현재 많은 출판사로부터 러브콜을 받고 있다.

그가 걸어온 길을 살펴보면 그의 인생에 글이 많은 영향을 주었다는 것을 알 수 있다. 그는 문민정부 초기 청와대 비서실장 보좌관으로 2년간 일했는가 하면, 8년간 한국예술종합학교 영상원 교수를 지내기도 했다. 그런 그가 교수직을 그만두고 콘텐츠 크리에이터로 나선 것을 인생에서 가장 잘한 일로 꼽는다. 현재 그는 칼럼 기고와 강연 등을 활발히 펼치며 바쁘게 지내고 있다.

나 역시 정진홍 씨와 비슷한 길을 걸어왔다. 20년 전만 해도 신문사, 잡지사에서 월급 60만 원을 받는 기자 생활을 했다. 당시 내 마음은 책 쓰기에 대한 열망으로 가득 차 있었다. 그러다 용기를 내어 직장을 그만두었고 책 쓰기에 도전했다. 물론 책을 쓴다고 당장 수입이 생기는 것은 아니어서 나는 막노동을 하며 버텼다. 그동안 걸어온 길을 돌아보면 쉬운 길이 하나도 없었다. 모든 길이 가시밭길이었다. 매일같이 원고를 쓰며 라면 하나로 이틀을 버틴 적도 있고, 살을 에는 추운 겨울에 난방도 되지 않는 자취방에서 시린 손에 입김 불어가며 원고를 쓰기도 했다. 나에게 가난은 아무리 노력해도 벗어날 수 없는 천형(天刑)이라는 생각마저 들었다. 아무리 노력해도 가난에서 벗어날 수 없을

지도 모른다는 불안감과 막막함에 좌절한 적도 많았다. 며칠 동안 두 문불출(杜門不出)하면서 소주를 들이켜며 펑펑 울기도 했다.

내가 25년 동안 온갖 자기계발을 하고 나서 깨달은 것

당시 대구 남문시장 안에 있었던 자취방에서 내가 가장 많이 했던 생각은 '내가 서울에서 3년 반, 여기 대구에서 2년 가까이 죽어라 원고를 쓰는데, 왜 내가 쓴 책은 베스트셀러가 되지 않을까?', '다른 작가들의 책은 10만 부, 100만 부 잘도 팔리는데, 왜 내가 쓴 책은 기껏 해야 5,000부, 1만 부일까?'였다. 며칠 동안 방에서 나오지 않자 주인아주머니가 마당에서 조심스레 "총각! 집에 있어?"라고 내가 죽었는지, 살았는지 확인할 때도 있었다. 자취생활을 한 지 일 년이 되었을 무렵, 아주머니는 "총각은 가족도 없어? 가족들이 한 번도 찾아오는 적이 없네"라며 안타까워하셨다. 그때 나는 딱히 대답할 말이 없어 "다들 바쁘셔서요"라고 에둘러 대답했다. 한번은 아주머니가 가족들과 먹을 삼겹살을 사면서 나에게 구워 먹으라고 약간 떼어 주셨는데 너무나 감사했다. 삼겹살이 어찌나 맛있는지 입으로 들어가는지, 코로 들어가는지 헷갈릴 지경이었다. 이렇게 내 인생에서 가장 힘들 때 나는 내가 이루고 싶은 것들을 상상했다. 반드시 책을 써서 퍼스널 브랜딩해 작가, 코치, 강연가가 되겠다고 다짐했다. 이제 나는 과거에 내가 꿈꾸었던 모든 것들을 이루었다.

노력은 배신하지 않는다. 지독하게 한길만 걸은 결과, 〈충남일보〉에 시가 당선되었으며, 이 외에도 여러 개의 시(詩) 문학상을 받았다. 그동안 내가 기획한 책은 1,500여 권, 집필한 책은 300여 권에 달한다. 1,100명의 평범한 사람들의 책을 기획하고 작가가 되도록 코칭했다. 어린이 동화책 40권을 출간했으며, 에세이와 건강서, 소설 등 전 장르에 걸쳐 책을 썼다. 작가로서 가장 영광스러운 것은 초·중·고등학교 교과서 총 16권에 나의 글이 수록된 것이다. 2020년에는 작가, 코치 최초로 책 쓰기, 책 출판과 관련한 '출판 가이드 시스템' 특허를 취득했다.

과거에는 단돈 1,000원이 없어, 라면 하나 끓여 먹지 못했던 내가 지금은 사랑하는 가족들과 100평 펜트하우스에서 살고 있다. 책을 써서 퍼스널 브랜딩에 성공해 지금의 위치에 오른 나는 책 한 권이 가져다주는 유익함에 대해 누구보다 잘 알고 있다. 이에 대해 밤새도록 이야기하라면 할 수도 있을 정도다. 성공한 후에, 유명해진 후에 책을 쓰려고 하면 늦는다. 책을 써야 브랜딩이 되어 원하는 것을 빨리 얻을 수 있다.

지금보다 더 여유롭고 풍요롭게 살고 싶다면 퍼스널 브랜딩의 중요성을 인식해야 한다. 실력만 쌓는다고 유명해지거나 성공하는 시대는 지나갔다. 남들이 알아주지 않으면 주목받지 못한다. 아무리 실력이 좋아도 찾는 사람이 없으니 무명이나 다름없는 신세가 된다.

과거와 다른 인생 2막을 원한다면 지금부터 준비해야 한다. 생계를 유지하게 해주는 직장생활을 하고 있는 지금 글쓰기, 책 쓰기로 자신의 이름을 알려야 한다. 책을 쓰게 되면 큰 힘을 들이지 않고 나를 세상에 드러낼 수 있다. 과거에 내가 그랬듯이 하루 1시간씩 꾸준히 글을 쓴다면 반드시 책을 쓸 수 있다. 나는 당신이 퍼스널 브랜딩으로 다양한 수입 파이프라인을 구축해서 돈 때문에 하기 싫은 일을 하는 불행한 삶에서 벗어나길 바란다.

흙수저, 신용불량자에서
200억 부자가 된 핵심 비법

"책을 쓰고 싶지만 쓸거리가 없어서요."
"그동안 직장생활만 했던 터라 무엇을 써야 할지 모르겠어요."

내가 자주 듣는 말이다. 이런 말을 들으면 나도 모르게 피식 웃음이
나온다. 누구에게나 쓸거리, 즉 콘텐츠가 있기 때문이다. 다만 자신의
지식과 경험(직접, 간접) 등을 사소하게 여겨 쓸거리가 없다고 생각하는
것뿐이다.

그동안 나는 300여 권의 책을 펴내면서 누구나 쉽게 글을 쓸 수 있
는 비법을 알게 되었다. 바로 자신의 관심 분야, 취미, 직업을 토대로

책을 쓰는 것이다. 이는 베스트셀러 작가들을 비롯한 다른 저자들의 책을 살펴보면 알 수 있는 일이다. 그들의 책을 읽어보면 자신이 몸담고 있는 분야에 대한 남다르게 해박한 지식이 담겨 있다. 자신들이 가장 잘 알고 있는 주제이기 때문에 깊이 있으면서도 누구나 알기 쉽게 쓸 수 있는 것이다.

앞서 언급했지만, 현실이 버거워 자살을 시도했던 대학생에서 베스트셀러 작가로 거듭난 고경호 작가가 있다. 과거 그는 친분이 있는 재무설계사 한 분을 부러워했다고 한다. 그분은 8년 전부터 책을 쓰기 시작해 3~4권의 책을 집필했고, 그 결과 많은 사람이 그에게 재무상담을 받으려고 연락해온다고 했다. 그런가 하면 다양한 기업과 기관의 강연 요청도 쇄도했다고 한다. 그는 《너무 아프지 마, 결국 원하는 삶을 살 테니》에서 "나는 오래전부터 그를 지켜보며 많이 부러워했다. 나도 그처럼 책을 쓰고 싶었고 초청을 받아 강연하고 싶었다. 이처럼 그는 나의 롤 모델이었고, 그를 향한 부러움은 나에게 늘 동기부여가 되었다. 그리고 나도 언젠가는 그처럼 되겠다는 바람이 하나의 꿈이 되었고 그 꿈을 이루기 위해 내가 무엇을 해야 할지 늘 고민했다"라고 말했다. 그러면서 "그뿐만 아니라 나는 그보다 한발 더 나아가 재테크 분야의 베스트셀러 작가가 되고 싶었다. 그것은 정말 내게 절실한 꿈이었다. 하지만 그 꿈은 이제 과거형이다. 나는 이미 국내에서는 물론 해외에까지 이름을 알린 재테크 분야의 베스트셀러 작가가 되었다. 또한, 여러 기업과 기관으로부터 초청받는 강연가가 되었다"라고 이야기했다.

고경호 작가가 베스트셀러 작가가 되고 잘나가는 강연가가 될 수 있었던 것 역시 직업과 관련된 책을 썼기 때문이다. 그래서 독자들의 공감을 얻을 수 있었고, 그 결과 성공할 수 있었다.

자본주의 사회에서 빠르게 성공하는 법

2020년 1월, 2019년 일본 미스코리아 진 권혜연 양과 어머니 이도경 님 그리고 아버지 권용수 님이 나를 찾아왔다. 50대 초반의 이도경 님은 일본에서 남편과 함께 화장품 사업을 하는 자산가였다. 그녀는 일본에서 살면서 힘든 시기를 겪을 때 책을 읽으며 극복했다. 그러다 자신도 책을 써야겠다는 생각이 들었다. 그녀는 딸의 미스코리아 본선 뒷바라지와 개인적인 볼일이 있어 한국에 왔다가 우연히 강남 교보문고에서 책 쓰는 법을 알려주는 한 권의 책을 발견하게 되었다. 그리고 바로 그 책을 쓴 저자가 진행하는 책 쓰기 교육과정에 등록했다. 그 코치는 10여 년 전 내가 운영하는 한책협의 2기 책 쓰기 교육과정 수료생이자 직원으로 근무한 사람이었다. 그 코치가 운영하는 과정의 비용이 무려 2,000만 원에 달했는데도 그녀는 실질적인 코칭을 받지 못했다고 했다. 일본에서 3개월 동안 자유 글쓰기만 했다는 것이다. 제목과 목차도 없이 자유 글쓰기를 하다 보니 책 쓰기에 대한 열정이 식어가기 시작했다. 바로 그때, 남편인 권용수 님이 우연히 나의 유튜브 영상을 보고, 아내가 코칭받는 코치의 스승이 나라는 것을 알게 되었다.

그러곤 아내와 함께 한국으로 넘어와 내가 운영하는 책 쓰기 퍼스널 교육과정에 등록하게 되었다. 나는 두 분의 자기소개서를 면밀히 검토한 후 주제를 정해주었다. 제목과 목차 만드는 법, 원고 쓰는 법, 그리고 출판사와 계약하는 법을 완벽히 알려주었다. 두 분은 일본에서 2개월 만에 원고를 완성했다. 그리고 꿈에 그리던 저서를 출간할 수 있었다. 이도경 님은《내 삶을 바꾼 독서의 기적》을, 남편인 권용수 님은《나는 화장품으로 세상을 정복한다》라는 책을 출간했다. 두 분 모두 나를 만난 지 반년 만에 작가의 꿈을 이루면서 퍼스널 브랜딩에 성공할 수 있었다. 책이 출간되자마자 언론은 앞다퉈 책 소개와 함께 두 저자를 소개하는 기사를 게재했다.

2021년 12월 31일 밤 9시경에 반가운 카카오톡 메시지가 왔다. 현재 와세다대학교에서 공부하고 있는 이도경, 권용수 작가의 큰딸인 일본 미스코리아 진 권혜연 양이었다. 부모님을 작가로 만들어주셔서 감사하다는 인사와 함께 나에게 꼭 코칭받아 자신도 작가가 되고 싶다면서 새해 복 많이 받으시길 바란다는 장문의 메시지였다. 메시지를 읽고 답신을 하는데, 나도 모르게 코끝이 시큰해지면서 가슴이 뭉클했다. 내가 최고의 실력으로 진심을 다한 코칭의 가치를 알아주니 나도 모르게 감정이 복받쳤던 것이다.

무라카미 하루키(村上春樹)는 일본의 유명한 소설가다. 그는 무턱대고 소설을 써 내려가지 않았다. 1986년부터 1989년까지 3년 동안 유럽에 있으면서 세계적 베스트셀러가 된《상실의 시대》를 썼다. 그의 작품활동에 여행이 모티브가 된 셈이다. 《댄스 댄스 댄스》도 이때 쓴 소설이다.

《2,000원으로 밥상 차리기》라는 책이 있다. 저자 김용환 씨는 백수로 지내며 적은 돈으로 만들어 먹을 수 있는 요리를 자체적으로 개발하고 그 내용을 담아 이 책을 썼다. 책이 대박 나면서 어떤 프로 요리사나 요리 연구가보다 많은 인세를 받았는가 하면, 수십만의 독자를 가진 스테디셀러 작가가 되었다. 배고프지 않은 풍족한 백수로 거듭난 것이다. 그는 일본 후지TV에서 〈K-쿡〉이라는 프로그램을 진행하기도 했다.

책을 기획할 때 자신이 몸담은 분야나 맡은 업무, 관심사와 동떨어진 분야를 주제로 정하면 끝까지 원고를 쓸 수 없다. 중간에 포기하게된다. 초보 작가들이 쉽게 저지르는 실수 가운데 하나가 잘 알지도 못하면서 특정 주제로 베스트셀러가 된 책을 따라 하는 것이다. 베스트셀러 책들은 사전에 기획과 목차 구성, 치열한 원고 쓰기, 홍보, 마케팅까지 더해져 만들어진다. 그런데 이런 과정은 생각하지 않고 무턱대고따라 한다면 실패할 수밖에 없다. 나는 책 쓰기 교육을 할 때 자신이가장 잘 알고 있거나, 좋아하는 분야를 주제로 한 책을 쓰라고 말한다. 이렇게 정해진 주제로 나의 코칭을 받게 되면, 보통 1~2개월 만에 원고를 완성하게 된다.

1만 시간의 법칙은 틀렸다

2022년 5월, 서울에서 고시원을 운영하는 한 분이 내가 쓴 책과 유튜브 채널을 보고 나를 찾아왔다. 고시원 운영만으로는 답이 없다는 생각이 들었다고 한다. 낮에는 고시원을 운영하고, 새벽에는 택배 일을 한다고 했다. 택배 일은 돈은 되었지만 허리 통증이 심해져 더는 할 수 없는 상황에 이르렀다. 그는 나를 찾아오기 전에 이런저런 자기계발에 많은 시간과 돈을 썼다고 말했다. 하지만 삶은 제자리걸음이었다. 그러다가 우연히 내가 쓴 책과 유튜브 영상을 보고 한책협을 찾아온 것이었다. 비로소 퍼스널 브랜딩이 답이라는 것을 깨달은 것이다.

그는 한책협에서 진행하는 책 쓰기 퍼스널 브랜딩 교육과정 133기에 등록했다. 그는 그동안 인간관계로 인해 많이 힘들었기 때문에 에니어그램을 공부했다고 했다. 나는 그가 제출한 자기소개서를 검토하고, 그의 의견을 종합했다. 그러곤 사람들이 힘들어하는 인간관계에 도움되는 에니어그램을 접목해 책을 쓰라고 조언했다. 그가 평소 관심이 있는 인간관계를 주제로 잡으면 그다지 어렵지 않게 원고를 쓸 수 있으리라 판단했다. 무엇보다 그 책을 쓰면서 자신의 인간관계를 돌아보는 계기가 될 것이었다. 특히 이런 주제의 책이 출간되면 다른 주제들보다 기업이나 기관, 백화점 등에서 강연 요청이 자주 들어온다.

그는 내가 알려주는 그대로 과제를 해왔다. 나는 그가 제출한 제목 과제를 보면서 퀄리티 있는 제목이 없다고 판단했다. 그래서 《꼬인 관계를 풀어주는 에니어그램 관계 수업》이라는 제목을 만들어주었다.

그리고 완벽한 목차를 짰고, 한 달여 만에 원고를 완성했다. 이 원고는 〈매일경제신문사〉에서 《꼬인 관계를 풀어주는 에니어그램 관계 수업》이라는 제목의 책으로 출간되었다. 책은 나오자마자 베스트셀러가 되었고 바로 2쇄를 찍었다.

책 출간 후 그의 삶은 백팔십도로 달라졌다. 작가라는 타이틀을 달고 유튜브 채널을 개설해 유튜버로도 활동하고 있다. 자신의 책을 읽고 도움을 구하는 사람들에게 자신의 지식과 경험, 노하우를 알려주고 있다. 그리고 2023년 1월 28일, 대구에 있는 고산동부교회에서 에니어그램을 주제로 강연을 진행한 바 있다. 처음에 퍼스널 브랜딩을 위해 나를 찾아온 고재석 작가는 단 몇 개월 만에 작가의 꿈을 이루었고, 지금은 상담가, 코치, 강연가, 유튜버로 활동하고 있다. 나는 많은 사람이 성공하고 싶다며 쓸데없는 자기계발에 시간과 돈을 쓰는 것이 너무나 안타깝다. 그들이 "성공해서 책을 쓰는 것이 아니라 책을 써야 성공한다!"라는 진리를 하루빨리 깨우쳤으면 한다.

책을 쓰고자 하는 마음만 먹으면 쓸 주제는 너무나 많다. 고재석 작가는 평소 자신이 가장 힘들어하는 인간관계를 주제로 책을 썼다. 책은 쓰고 싶은데 쓸 주제가 없다고 하는 사람들은 두 부류다. 하나는 책은 쓰고 싶으나 선뜻 용기가 나지 않아 책 쓰기를 하지 못하는 자신을 합리화하는 경우다. 다른 하나는 책 쓰는 법을 모르는 사람이 그 분야 최고 전문가의 도움을 받지 않고 스스로 쓰려고 하는 경우다. 두 부류 모두 평생 책 한 권 쓰지 못한 채 삶을 마감할 가능성이 높다.

성공하는 독서법은
따로 있다

책을 읽어도 달라지는 것이 없다면?

"책을 쓰지 않은 채 하는 독서는 밑 빠진 독에 물 붓기나 다름없습니다. 물론 밑 빠진 독에 아무리 물을 부어도 밑으로 다 새나갑니다. 그렇더라도 독 안의 벽에 약간의 물기는 남아 있겠지요. 하지만 이래서는 독서의 수준이 낮아질 수밖에 없습니다. 사람들이 많은 책을 읽는데도 생활에 변화가 없고, 인생이 그대로인 것은 이 때문입니다. 제대로 된 독서를 하려면 반드시 책 쓰기를 해야 합니다. 그래야 피가 되고 살이 되는, 더 나아가 운명을 바꾸는 독서가 됩니다."

나는 이렇게 제대로 된 독서는 책 쓰기라고 말한다. 주위를 둘러보면 많은 사람이 열심히 인문고전, 자기계발서 등을 읽는다. 그런데 아이러니한 것은 그들의 인생이 책을 읽지 않았던 과거나 열심히 책을 읽는 지금이나 별반 차이가 없다는 점이다. 그 이유를 나는 아웃풋(책 쓰기)이 없는 인풋(독서)만 하기 때문이라고 생각한다.

한 권의 책을 쓰기 위해서는 어떤 책을 쓸 것인지 분야와 주제를 정하고 제목을 만들고 목차를 짜야 한다. 그 후에는 목차의 각 장에 적합한 꼭지(소제목)를 만드는 과정을 거쳐야 한다. 그리고 나서 자신의 지식과 경험, 삶의 깨달음, 원리와 비법을 적절하게 풀어 쓰면서 각 꼭지에 여러 개의 사례를 곁들인다. 이 과정에서 제대로 된 공부를 하게 된다. 즉, 수십 권의 책을 집중적으로 읽게 된다. 그 과정 속에서 자기 자신에 대해 제대로 알게 되고 진짜 꿈이 생겨난다. 부정적인 마인드를 가진 사람은 자연히 긍정적인 마인드로 바뀌면서 매일 성장하는 삶을 살게 된다.

제대로 된 독서는 자신의 이름으로 된 책을 쓰는 데서 시작된다. 과거의 나는 책벌레가 되면 저절로 성공하고, 부자가 되는 줄 알고 습관적으로 하루 한 권씩 책을 읽었다. 밥은 굶어도 책 읽는 것은 멈추지 않았다. 하루 한 끼, 라면으로 때우면서도 매일 책은 구입했다. 하지만 아무리 책을 읽고 또 읽어도 내 삶은 조금도 달라지지 않았다.

나는 책을 쓰면서 결과가 있는 독서법에 대해 알게 되었다. 내가 독서에 대해 말할 때 먼저 강조하는 것이 인생의 목적과 방향을 찾아야 한다는 것이다. 그러지 않고서 책을 읽는다면 그저 시간 때우기에 불과할 뿐이다. 과거의 나는 내가 이루고자 하는 꿈을 실현하는 데 도움이 되는 책들을 읽었다. 물론 지금 나의 교육을 받는 수강생들에게도 역시 그렇게 가르치고 있다.

흙수저를 200억 부자로 만들어준
'돈 버는 독서법'

내가 오래전부터 실천해온 수평 독서법과 수직 독서법이 있다. 수평 독서법은 관심 분야, 업무 분야에 대해 좀 더 폭넓게 알고 싶을 때 하는 독서법이다. 수평 독서법을 실천하게 되면 관심 주제의 폭을 넓혀나갈 수 있다. 수직 독서법은 관심 분야와 업무 분야에 대해 좀 더 깊이 있게 알게끔 도와준다. 이 방법은 한 주제의 책을 10권에서 최대 30권 읽는 것이다. 한 주제의 책을 30권 정도 읽는다면 누구나 전문가가 될 수 있다. 한 권의 책에서 부족한 부분을 다른 책을 통해 채우고 하다 보면, 그 누구와 이야기해도 막힘이 없게 된다. 결과가 있는 독서를 하고 싶다면 지금부터라도 그동안 내가 해왔던 수평 독서법과 수직 독서법을 실천해보길 바란다. 나는 이렇게 해서 글쓰기, 책 쓰기, 책 출판, 퍼스널 브랜딩, 무자본 창업 분야에서 전 세계 일인자가 될 수 있었다. 내가 12년 동안 1,100명의 평범한 사람들을 단 2~3개월 만에 작가로 만들어주었던 비결이기도 하다.

한 가지 더 언급하고 싶은 것이 있다. 성공하는 법, 부자가 되는 법, 책 쓰는 법을 배우기 위해 나를 찾아오는 사람들에게 하는 조언이다. 바로 책은 다 읽는 것이 아니라는 조언이다. 책값이 아까워서 모든 텍스트를 다 읽는 사람들은 1만 5,000원 정도의 책값은 아낄지 모르겠다. 하지만 인생 전체를 봤을 때 시간을 낭비한 셈이 된다. 정말 미련한 짓이다. 시간의 가치를 돈보다 더 낮게 생각하는 이런 사람들은 평생 가난과 결별할 수 없게 된다. 책을 읽을 때는 내게 필요한 부분만 취사 선택해서 읽어야 한다. 취사 선택해서 읽으라는 뜻에서 책의 앞부분에 목차가 있는 것이다.

사람들은 대부분 프롤로그부터 에필로그까지 다 읽는다. 그 이유를 물어보면 "돈이 아까워서, 그렇게 읽어야 할 것 같아서"라고 대답한다. 나는 이를 정말 미련한 짓이라고 생각한다. 시간으로 짜여진 인생을 수돗물 틀 듯이 낭비하기 때문이다. 사실 책을 다 읽는다고 해서 모두 기억할 수 있는 것도 아니다. 자신에게 가장 인상 깊었던 내용이나 문장, 사건만 기억에 남게 된다. 그런데 왜 책을 다 읽어야 하는가? 책의 목차를 훑어보면서 자신이 가장 필요로 하는 꼭지(소제목)를 찾아서 그 부분만 읽으면 된다.

사람들 가운데 속독법을 배워서 처음부터 끝까지 읽는 사람들이 있다. 이런 사람들 10명 중 10명은 다 가난하게 산다. 나는 속독은 영원히 살 것처럼 생각하는 사람들이 하는 독서법이라고 생각한다. 한 권의 책을 쓰게 되면 그동안 해왔던 자신의 독서법이 얼마나 잘못되었는지 깨닫게 된다.

내 인생을 통째로 바꿔준 두 가지

책 쓰기를 알고 독서하면 독서의 수준이 달라진다. 물론 그러기 위해서는 책 쓰기의 요령을 익힌 후에 책을 읽고 책을 써야 한다. 그래야 마음가짐과 태도가 바뀌고, 인생이 바뀐다. 나에게 책 쓰는 법을 배운 한 직장인은 이렇게 말했다.

"사실 그동안 책은 성공한 사람들만 쓰는 줄 알았습니다. 그래서 꼭 책을 쓰고 싶은 마음을 꾹꾹 눌러야만 했습니다. 하지만 김태광 작가님을 알고, 본격적으로 책을 쓰기로 다짐하고 나서 변화된 것이 있다면 독서에 대한 열정이 생겨났다는 것입니다. 그동안 살면서 읽은 책이 100권도 되지 않았는데, 책 쓰기를 다짐하고 나서는 많은 책을 읽게 되었습니다. 다른 분들도 책 쓰기에 도전해보세요."

책을 쓰지 않았던 시절의 나 또한 당시에는 책을 건성으로 읽었다. 흥미 위주의 소설책을 주로 읽었다. 그러다 작가의 꿈을 가지면서 책 쓰기를 하자 흥미 위주의 책이 아닌, 책 쓰기에 필요한 콘텐츠 찾기 위주의 독서로 전환되었다. 그러자 정말 놀라운 일들이 일어나기 시작했다. 성공에 대한 내용을 쓰기 위해 다양한 사람들의 성공 비결이 담겨 있는 책들을 읽었다. 그 과정을 통해 성공한 이들의 과거는 어떠했고, 어떤 과정을 통해서 성공했는지 엿볼 수 있었다. 그러면서 '아, 성공한 사람들치고 쉽게 성공한 사람은 없구나!', '확고한 꿈이 있고 그 꿈을 이루려 치열하게 노력해야 성공할 수 있구나!'라고 깨닫게 되었다. 그러니 자연스럽게 안일했던 삶에서 벗어나 그들처럼 더욱 치열하게 살 수 있었다.

과거에 나를 알던 사람들은 지금의 성공한 내 모습을 보고 심한 충격에 휩싸인다. 나는 제대로 된 독서와 함께 책을 썼기 때문에 지금처럼 경제적 자유를 얻을 수 있었다. 꿈을 실현하고 성공하고자 한다면, 누구나 하는 알맹이 없는 독서에서 벗어나야 한다.

책을 쓰면 나는 세상에서 가장 가치 있고 비싼 상품이 된다

"당신의 하루의 가치는 얼마입니까?"

직장인들은 대부분 하루에 10만 원도 채 벌지 못하고 있다. 하루 몇만 원의 수입을 올리기 위해 대학까지 치면 20년 가까이 교육을 받은 셈이다. 수입이 적다 보니 하고 싶은 것을 포기한 채 아끼며 살아야 한다. 우리에게는 헌법이 보장하는 자유가 있다. 하지만 일용할 양식을 구하기 위해 직장에서 부당한 지시를 감수하며, 단순 업무를 하느라 자유를 누리지 못한다. 대부분 현대판 노예로 전락한 것이다.

인생을 바꿀 수 있는 궁리는 하지 않은 채 직장생활만 하다가는 얼마 못 가 사달이 나게 된다. 직장인들은 자유를 박탈당한 현대판 노예다. 새벽같이 일어나 정해진 시간에 출근해서 자정이 다 된 시각까지 퇴근하지 못한 채 책상에 파묻혀 일한다. 지금은 근로기준법 개정으로 저녁 6시가 되면 의무적으로 퇴근해야 한다. 그러나 말이 퇴근이지, 근무 장소만 달라질 뿐이다. 집 근처 커피숍에서 미처 다 처리하지 못한 업무를 보는 직장인들을 심심찮게 볼 수 있다. 돌아가서 편히 쉴 수 있는 집이 있고, 가족이 기다리고 있지만 밀려 있는 일이 우선이다. 그 일에 가족의 생계가 달렸기 때문이다. 그 일을 해내지 못하면 상사에게 언어폭력을 당하고, 인사고과에서 불이익을 받게 된다. 동시대의 직장

인들은 참으로 슬픈 인생을 살고 있는 것이다.

직장생활을 하는 사람들은 자신이 어떤 기업, 조직에 몸담고 있더라도 자신을 현대판 노예로 여겨야 한다. 그래야 자유인이지만 정작 자유를 누릴 수 없는 노예 생활에서 벗어날 궁리를 하게 된다. 이 글을 쓰는 나 역시도 과거에는 당신과 똑같은 직장 노예였다. 직장생활하면서 출근 전 시간과 퇴근 후 시간을 활용해서 책을 썼다. 남들은 승진에 목맬 때 절박한 심정으로 책을 펴내면서 나를 브랜딩하기 위해 애썼다. 책 속에 담겨 있는 지식과 정보, 경험, 삶의 지혜, 원리와 비법을 배우길 원하는 사람에게 비용을 받고 코칭하며 컨설팅하는 법을 배웠다. 남들은 수억 원을 들여 프랜차이즈 창업을 할 때 나는 네이버 카페 한책협을 개설해 무자본 창업을 시작했다. 창업하기까지 든 비용은 아이디어와 시간, 노력이 전부였다. 그렇게 개설한 카페의 회원 수가 2만 2,000명이 넘는다.

나는 당신의 몸값이 고작 2,000~3,000만 원이 아닌 100조 원이라고 생각한다. 사실 우리의 몸값을 가격으로 매기기에는 무리가 있다. 세상에서 가장 소중한 것이 자기 자신이기 때문이다. 이제는 자신의 몸값에 걸맞게 살아가야 한다. 하루에 고작 10만 원 남짓 벌기 위해 하기 싫은 일, 듣기 싫은 말을 참아가며 인생을 낭비해서는 안 된다.

지금부터라도 지식과 경험, 삶의 깨달음과 지혜가 담긴 책을 써보라. 그 책은 당신의 분신이 되어 과거에서부터 이루고 싶었던 꿈과 목표들을 보다 빨리 실현하도록 도와줄 것이다. 당신이 작가, 코치, 강연가, 1인 창업가가 되도록 이끌어줄 것이다.

책 쓰기는 자기계발의 끝이다. 책을 써내게 되면 더는 습관적으로 하는 영양가 없는 독서, 스펙 쌓기에 대한 미련이 사라지게 된다. 우리는 끝에서 시작했다. 그 누구보다 힘들었던 우리가 꿈꾸었던 삶을 살 수 있는 것은 책이라는 분신 덕분이다. 지금도 우리가 쓴 책들은 전 세계를 돌아다니며 우리를 홍보, 마케팅하며 수익을 올려주고 있다. 당신도 우리처럼 책 마케팅을 통해 자기 자신을 팔라고 조언하고 싶다. 세상에서 가장 가치 있고, 비싼 상품은 바로 우리 자신이기 때문이다.

2장

따라만 하세요,
돈 되는 주제
떠먹여 드립니다

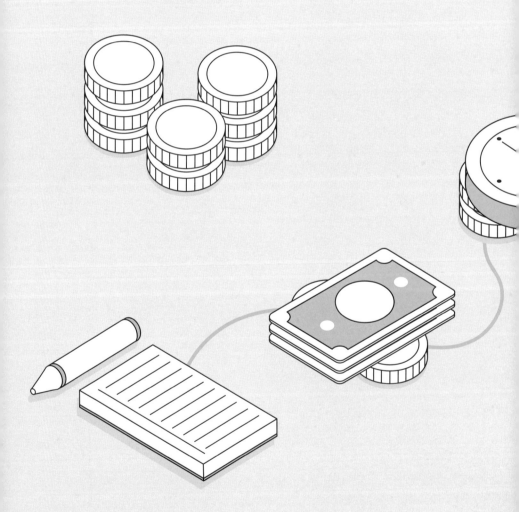

은행원, 재무설계 컨설턴트

서점에 가보면 요즘 금융계에 몸담은 사람들이 펴낸 책들을 심심치 않게 볼 수 있다. 상황이 상황이니만큼, 많은 사람이 재테크에 관심을 쏟고 경제적으로 힘든 만큼 재테크 비결, 돈이 모이는 가계부 쓰는 비결, 주식 투자 노하우를 담은 책을 쓰면 베스트셀러가 될 가능성이 높기 때문이다. 그러니 지금 하는 업무와 관련된 책을 한번 써보라. 예를 들어 다음과 같은 분야를 다루어보라.

- 통장관리 노하우
- 돈 모으기 노하우
- 개미 투자자들이 모르는 주식 노하우
- 부채 탈출 프로젝트

책에 직업적 전문성을 살려 관련 지식과 경험, 정보, 노하우를 담는다면 전문가로 인정받게 될 것이다.

┌─ 참고할 만한 책 ──────────────────────────┐

- 뽕글이, 《돈은 좋지만 재테크는 겁나는 너에게》
- 안선우, 《2023 쓰면 쓸수록 돈이 모이는 가계부》
- 우용표, 《월급쟁이 재테크 상식사전》
- 아기곰, 《아기곰의 재테크 불변의 법칙》
- 구채희, 《갓 결혼한 여자의 재테크》

└──────────────────────────────────────┘

건축가, 인테리어 전문가

요즘은 도시를 떠나 경치가 아름답고 교통이 좋은 지역으로 귀농, 귀촌하는 사람들이 많다. 또한, 답답한 아파트보다 자신이 살 집을 직접 짓고자 하는 사람들도 늘고 있다. 이들은 투자 목적이 아닌 편안한 휴식을 위한 충실한 주거공간을 원한다. 하지만 막상 직접 집을 지으려고 하면 엄두가 나지 않는다.

그러다 보니 요즘 '내 집을 짓는 노하우'에 대한 책들이 속속 출간되고 있다. 현재 건축가나 인테리어 전문가로 활동하고 있다면, 다음과 같은 책을 써보면 어떨까?

- 단독주택, 전원주택 짓는 법
- 전셋집도 내 집처럼 꾸미는 방법
- 욕실 인테리어 방법

- 건축주, 건축가, 시공자가 공개하는 집 짓기의 모든 것
- 작은 집 인테리어(전셋집도 내 집처럼 꾸미는 방법)
- 신혼집 인테리어
- 카페 스타일 홈인테리어
- 작은 집 수납 인테리어
- 아파트 인테리어
- 작은 집 넓게 쓰는 인테리어
- 이사한 집 인테리어

책에 저렴한 비용으로 집을 짓는 노하우와 인테리어 노하우를 담아보라. 이런 것들은 집을 짓거나 집을 꾸미는 데 관심을 가진 사람들이 좋아하는 주제다. 그런 내용이 담긴 책을 읽은 사람들이 당신의 고객이 될 수도 있다. 당신이 쓴 그 책은 당신의 분신이 되어 전국 방방곡곡을 돌아다니며 당신을 홍보해줄 것이다.

참고할 만한 책

- 김종민, 《독일 병정의 월세 더 받는 똑똑한 부동산 인테리어》
- 이지현, 《인테리어 재테크》
- 사사키 후미오, 《나는 단순하게 살기로 했다》
- 조승진, 《작은 집 넓게 쓰는 인테리어》
- 김수정, 《미니멀라이프 수납법》
- 강호정, 박효순, 《내가 직접 고치고 꾸민 카페스타일 홈인테리어》

- 김민정, 《신혼집 인테리어의 모든 것》
- 오후미 지음, 조미량 옮김, 《미니멀리스트의 집 꾸미기》
- 최고요, 《좋아하는 곳에 살고 있나요?》
- 유현준, 조성익, 김양길, 윤재선, 심영규, 《실패하지 않는 내 집 짓기》
- 이민혜, 《홈드레싱으로 월세부자 되기》

연예인

연예인의 삶은 누구나 한 번쯤 꿈꿔 보는 삶이다. 일반인들은 배우의 삶을 궁금해한다. 그러니 연예인이라면 자신의 인생 스토리를 담은 책을 한번 써보자. 잔잔한 감동을 주는 에세이나 자서전 형식으로 쓰는 것도 좋다. 여행, 투자, 달리기 등 특정한 분야에 대한 전문지식이나 노하우가 있다면 그 방향으로 쓰는 것도 괜찮다.

다음의 스토리를 담는다면 독자들에게 사랑받는 책이 될 것이다.

- 힘들었던 과거의 무명 시절 이야기
- 연예인이 된 계기
- 연예인으로서 행복한 일들과 힘든 일들
- 가장 힘들었던 기억들
- 연예인을 꿈꾸는 이들에게 해주고 싶은 조언

- 동료 연예인들과의 일상 속 에피소드
- 자신의 취미생활이나 일상의 소소한 이야기들

참고할 만한 책

- 하정우, 《걷는 사람, 하정우》
- 김혜자, 《생에 감사해》
- 최백호, 《잃어버린 것에 대하여》
- 육중완, 《끼인 세대 랩소디》
- 손흥민, 《축구를 하며 생각한 것들》
- 손미나, 《손미나의 나의 첫 외국어 수업》
- 이보영, 《사랑의 시간들》

수의사

애완동물을 키우는 사람들이 기하급수적으로 늘어났다. 아파트 엘리베이터에서 강아지를 산책시키러 나가는 주민들과 자주 마주친다. 이제는 대형마트나 백화점에서도 강아지 유모차를 밀고 있는 모습을 쉽게 볼 수 있다. 서점에 가보면 강아지에 관한 책들이 예전과 비교해 활발하게 출간되고 있다.

수의사라면 자신의 경험담을 담은 책을 써보자. 책을 펴낸다면 수의사로서의 신뢰도를 높이며 명성도 함께 얻을 수 있다. 만약 동물병원을 운영하고 있다면, 책 출간 후 병원을 찾는 고객의 수도 훨씬 늘어날 것이다. 책은 하나의 홍보 수단인 만큼 아주 먼 곳에서 찾아오는 고객도 생길 수 있다.

《내 강아지 오래 살게 하는 50가지 방법》이라는 책이 있다. 이 책은 수의사인 저자가 소중한 반려견을 위한 건강 노하우를 50가지 항목으로 정리해 수록했다. 저자는 인간과 다른 동물인 '반려견'의 건강에 대한 올바른 지식이 부족해 발생하는 안타까운 상황을 조금이라도 줄이고 싶은 마음에 이 책을 썼다. 다음의 콘셉트를 참고해서 자신만의 콘셉트를 떠올려보라. 그리고 그 콘셉트를 가감 없이 원고에다 담아보자.

- 강아지·고양이 상식사전
- 반려견 가정교육법
- 반려견 예절교육법
- 반려견 행동 교정법
- 반려견과 사이가 좋아지는 놀이법
- 반려견의 스트레스 신호를 알아차리는 법

참고할 만한 책

- 강형욱, 《당신은 개를 키우면 안 된다》
- 알렉스, 《훈련이 잘못됐습니다》
- 이학범, 《반려동물과 이별한 사람을 위한 책》
- 황윤태, 《반려동물, 사랑하니까 오해할 수 있어요》
- 후지이 사토시, 《우리 개 스트레스 없이 키우기》
- 투리드 루가스, 《카밍 시그널 calming signals》
- 김효진, 《24시간 고양이 육아 대백과》
- 스사키 야스히코, 《강아지 영양학 사전》
- 김혜주, 《Hello My Cat 고양이 집사 업무일지》

- 이웅종, 《개는 개고 사람은 사람이다》
- 핫토리 유키, 《고양이의 기분을 이해하는 법》

출판 번역가

　베스트셀러 목록에 올라 있는 서점의 책들 가운데는 외국인 작가가 쓴 책을 번역한 것들이 많다. 외국책 번역본이 인기가 높다 보니 번역 수요도 살아나고 있다. 그래서인지 예전과 비교하면 출판 번역가의 수도 부쩍 늘었다. 학생들이나 젊은 사람 중에 출판 번역가가 되고자 하는 이들이 많다. 현역 번역가로서 이들에게 도움이 되는 지식과 경험, 정보, 번역가가 되는 방법들을 실은 책을 써보자. 자신의 생생한 경험과 번역 노하우를 담는다면, 번역가를 꿈꾸는 이들에게 많은 도움이 될 수 있다.

　특히 출판 번역가 지망생들을 위한 공부 방법과 입문 노하우, 출판 번역가의 수입, 생활, 고충, 업무와 관련된 장단점 등을 담아보자. 다른 번역가들이 쓴 책들과 확실하게 차별화될 수 있다. 출판 번역가의 이야기를 책으로 펴낸다면, 부업으로 선택하고 싶은 지망생들에게는 친절한 입문서가 된다. 현역 출판 번역가들에게는 선배의 따뜻한 조언이 담긴 책이 될 것이다. 다음의 콘셉트로 책을 써보자.

- 일반인들이 잘 모르는 번역가의 세계
- 번역가가 되기 위한 입문법
- 번역의 즐거움
- 번역가 이야기
- 번역가 자신의 솔직한 번역 이야기
- 인기 번역가가 되기 위한 비결

참고할 만한 책

- 김욱동, 《번역가의 길》
- 이희재, 《번역의 탄생》
- 신노을·임혜미·김정자, 《중국어 번역을 위한 공부법》
- 정영목, 《완전한 번역에서 완전한 언어로》
- 강방화·손정임, 《일본어 번역 스킬》
- 조원미, 《한영 번역, 이럴 땐 이렇게》
- 박현아, 《프리랜서 번역가 수업》

여행이 취미인 사람

"이번 휴가 때 해외에 나가려고 하는데, 어디가 좋을까?"
"나는 일본에 다녀오려고 하는데 생각만 해도 기대된다."
"나는 휴가 때 자전거여행 할 거야."

이제는 해외여행도 일반화되었다. 제주도에 가는 사람들보다 해외로 나가는 사람들이 더 많다고 해도 과언이 아니다. 누구나 마음만 먹으면 저렴한 비용으로 가까운 일본이나 중국, 혹은 동남아 정도는 어렵지 않게 떠날 수 있다. 게다가 국내 여행지도 많이 개발되었고 좋은 곳도 많다.

평소 여행을 좋아한다면 더는 재미로만 하는 여행이 아니라, 여행도 하고 돈도 버는 여행 작가로 변신해보면 어떨까? 여행 작가가 되는 과정은 생각보다 쉽고 간단하다. 자신이 다니는 여행지를 세세하게 관찰하고, 관련 내용을 메모하고, 사진을 찍어서 초고를 구성하면 된다. 초고가 완성되면 출판사에 보내 출판 가능성을 타진한다. 그 후 여행 에세이가 출간되면, 본격적으로 여행 작가로 활동할 수 있다. 다음의 콘셉트를 참고해 여행 에세이를 한번 써보라. 이제는 여행도 하고 돈도 버는, 남부러울 것 없는 인생이 펼쳐질지도 모른다.

- 여행 작가의 자격
- 직업으로서의 여행 작가 되기
- 여행 작가의 주 수입원
- 기자에서 여행 작가로 전향하는 방법
- 매체에 기고하거나 여행서 출간하기
- 나만의 여행 노하우

참고할 만한 책

- 이병률, 《바람이 분다 당신이 좋다》
- 권마담, 《나는 100만 원으로 크루즈 여행 간다》
- 권현준, 《나는 5년 동안 최고의 도전을 시작했다》
- 오기범, 《어쩌다 보니 지구 반대편》
- 최세화, 《아프리카, 한 번쯤 내볼 만한 용기》
- 슬구, 《우물 밖 여고생》
- 황가람, 《혼자 떠나도 괜찮을까?》
- 성연재·서희준, 《개와 떠나는 대한민국》

스튜어디스

날이 갈수록 취업하기가 어렵다. 이 중 스튜어디스는 많은 취업준비 생들이 선망하는 직업이다. 많은 이들이 스튜어디스라는 직업을 선호 하는 이유는 좋은 근무 조건과 안정적인 연봉 때문이다. 스튜어디스는 복지가 좋고, 연봉이 높은 직업으로 꼽힌다. 그렇다고 해서 다른 대기 업처럼 높은 스펙을 갖춰야만 지원할 수 있는 것도 아니다. 면접 준비 만 확실히 한다면, 누구나 지원 가능하다는 것이 가장 큰 매력이다.

스튜어디스는 전문대학 졸업 이상의 학력이면 누구나 지원할 수 있 다. 스튜어디스로 근무하게 되면 고액연봉을 받을 수 있을 뿐 아니라 결혼 후에도 2년 동안의 출산, 육아 휴직을 챙길 수 있다. 그리고 실력 만 갖춘다면 진급도 확실하다. 하지만 모든 조직이 그렇듯이 스튜어디 스에게도 퇴직해야 할 시기가 반드시 닥친다. 그때를 대비해서 현직에 있을 때 당장 다음과 같은 콘셉트로 책을 써보자. 잘 쓴 책 한 권이 인생 2막을 준비하는 데 분명 도움이 되어줄 것이다.

- 스튜어디스 합격 비밀 노트
- 스튜어디스 100% 면접 합격 노트
- 스튜어디스가 되기 위한 인터뷰 영어
- 스튜어디스들이 솔직하게 털어놓는 항공 승무원의 세계
- 하늘 위에서 배운 인생의 성공 기술
- 누구나 이것만 갖추면 스튜어디스가 될 수 있다.

참고할 만한 책

- 서성희·박혜정, 《멋진 커리어우먼 스튜어디스》
- 이향정, 《스튜어디스의 해피 플라이트》
- 엘레나 정, 《누구에게나 저마다의 여행이 있다》
- 미즈키 아키코, 《퍼스트클래스 승객은 펜을 빌리지 않는다》
- 김지윤, 《빨강머리 승무원》
- 박주연, 《스튜어디스 면접의 기술》
- 강민경, 《스튜어디스 면접 답변 매뉴얼》

자영업자, 기업가

많은 직장인이 힘든 직장생활보다 자기 사업을 꿈꾼다. 직장생활보다 더 많은 수입을 올릴 수 있고, 자아실현을 할 수 있기 때문이다. 그런데 대부분 생각만 할 뿐 선뜻 창업에 도전하지 못한다. 설사 창업했다고 하더라도 십중팔구는 실패하고 만다. 그만큼 창업으로 성공하기가 어렵기 때문이다.

자신이 창업(사업)하면서 경험한 실패담과 성공담을 책으로 펴내 보자. 창업을 꿈꾸거나 시작하려는 사람들에게 많은 도움을 줄 수 있다. 자신의 창업 스토리를 책으로 출간하게 되면, 좋은 점이 한둘이 아니다. 먼저 스토리텔링으로 자신이 만든 상품을 홍보할 수 있다. 독자들은 책 속에 담긴 스토리를 접하고, 호감과 신뢰감을 느끼게 된다. 호감과 신뢰는 자연스레 제품에 대한 브랜딩으로 이어져 매출 상승으로도 연결된다. 책을 읽은 사람들은 회사에 대해 좋은 이미지를 가지게 된다. 그만큼 충성고객이 될 확률이 높아진다. 다음과 같은 콘셉트가 책을 쓰는 데 도움이 될 것이다.

- 사업을 하게 된 계기
- 사업하면서 겪었던 고생담
- 사업하기 전에 반드시 알아야 할 것들
- 위기에 대처하는 자세
- 실패 경험
- 성공 경험
- 가장 기억에 남는 스토리

참고할 만한 책

- 김태광, 《더 세븐 시크릿》
- 김영식, 《10미터만 더 뛰어봐!》
- 켈리 최, 《파리에서 도시락을 파는 여자》
- 김성오, 《육일약국 갑시다》
- 정주영, 《시련은 있어도 실패는 없다》
- 김성호, 《일본전산 이야기》
- 브렌든 버처드, 《백만장자 메신저》

경찰공무원

요즘 주위에는 경찰공무원 시험을 준비하는 사람들이 참 많다. 요즘은 취업이 낙타가 바늘구멍으로 들어가기보다 더 힘든 상황인 만큼 안정적인 공무원은 최고의 직업으로 꼽힌다. 특히 경찰공무원이 인기가 높다. 많은 이들이 너나 할 것 없이 경찰공무원 시험에 뛰어들고 있다. 그런데 아이러니한 것은, 갈수록 경찰공무원 시험의 경쟁률이 높아지는 데 비해 예비 경찰공무원들에게 힘이 되어줄, 선배들의 수기 형식의 에세이나 자기계발서는 그다지 많지 않다는 사실이다.

지금 현직에 있는 경찰관이 책을 펴낸다면 예비 경찰공무원들에게 힘이 될 것이다. 그뿐만 아니라 자신을 브랜딩하는 데 많은 도움이 될 것이다. 다음과 같은 내용을 담아서 책을 쓴다면, 출간 후 많은 사랑을 받을 것이다.

- 과거에 가장 힘들었던 경험담

- 경찰공무원을 하게 된 계기

- 단기간에 경찰공무원 시험에 합격한 비결

- 경찰공무원을 하면서 가장 보람된 기억들

- 기억에 남는 사건들

- 예비 경찰공무원들에게 해주고 싶은 말

참고할 만한 책

- 이상희, 《나는 꿈꾸는 경찰관입니다》
- 이상희, 《현직 경찰관이 알려주는 학교폭력 대처법》
- 어보경, 《나는, 경찰서로 출근합니다》
- 배선하, 《대한민국 경찰관으로 산다는 것》
- 이수진 외, 《여성, 경찰하는 마음》

초·중·고등학교 교사

　나에게 책 쓰기 퍼스널 브랜딩 교육을 받으러 오는 분들 가운데는 교사들이 많다. 교사들이 현직에 있을 때 책을 펴내면 현직에서도, 퇴직해서도 많은 도움이 된다. 책이 팔릴 때마다 출판사로부터 인세가 발생한다. 그 인세 수입은 부수입이 된다. 평일에는 아이들을 가르치고, 주말에는 재능기부 강연을 다닐 수 있다.

　주위에 교직에서 정년퇴직한 후 하는 일 없이 세월을 보내는 이들이 참으로 많다. 만약 그들이 현직에 있을 때 여러 권의 책을 썼더라면 어땠을까 하는 안타까움이 앞선다. 미리 책을 써서 퍼스널 브랜딩 해야 한다. 그러면 강연과 칼럼 기고, 코칭 등으로 인생 2막을 행복하게 살 수 있다. 제대로 준비한다면 초라한 인생을 살게 되지는 않을 것이다. 다음과 같은 콘셉트로 책을 써보면 도움이 될 것이다.

- 부모가 아이에게 해서는 안 되는 말

- 아이의 자존감을 높여주는 말

- 엄마가 행복해야 아이가 행복하다는 주제

- 자기 자신을 존중하고 사랑하는 당당한 아이로 키우는 양육법

- 내 아이 마음 들여다보기

- 학교폭력 예방법

- 공부를 잘하는 비결

- 선생님과 친하게 지내는 방법

- 아이를 이해하고 싶은 엄마를 위한 필독서

- 아이 공부 능률을 높여주는 양육법

- 아이의 두뇌 발달을 돕는 부모 사랑법

참고할 만한 책

- 안명숙, 《재테크 독서로 월 100만 원 모으는 비법》
- 이서윤, 《7~9세 독립보다 중요한 것은 없습니다》
- 김성효, 《교사의 말 연습》
- 하유정, 《두근두근 초등 1학년 입학 준비》
- 전화숙, 《위풍당당 초등 1학년 입학 준비》
- 안상현, 《초등학교 입학 전 학부모가 가장 알고 싶은 최다질문 TOP 90》
- 류승재, 《수학 잘하는 아이는 이렇게 공부합니다》

대학교수

요즘 교수들이 쓴 책들이 예전과 비교하면 많이 늘었다. 교수들이 논문이 아닌 대중서를 펴낸다는 것은 그만큼 이제 책 쓰기가 대중화되었다는 의미이기도 하다. 우리나라 출판사들은 교사나 교수가 쓴 원고를 신뢰하고, 높게 평가해주는 경향이 있다. 다른 직업군에 비해 책을 내기가 좀 더 수월한 것이 사실이다.

예전에 심리철학과 서정욱 교수가 쓴 저서가 잇따라 우수도서에 선정되었다는 기사를 접했다. 《철학, 불평등을 말하다》라는 책은 문화체육관광부가 선정한 그해 첫 '이달의 읽을 만한 책(철학 분야)'으로 추천되기도 했다. 이 책은 에라스무스(Erasmus)의 《우신예찬》을 시작으로 토머스 모어(Thomas More)의 《유토피아》, 마키아벨리(Niccolo Machiavelli)의 《군주론》, 존 스튜어트 밀(John Stuart Mill)의 《자유론》, 급진적 개혁주의자인 루소(Jean Jacques Rousseau) 등과의 가상 대화를 통해 인간의 욕망을 성찰하고 있다. 서정욱 교수는 그동안《데리다가 들려주는 해체 이야기》를 비롯한 여러 권의 책을 펴냈다.

퍼스널 브랜딩을 위해 책을 쓰고자 한다면 인문, 경제경영, 자기계발서, 에세이 등 자신이 잘 쓸 수 있는 장르와 주제를 선택해서 써보자. 다음과 같은 스토리를 넣어서 쓴다면 큰 반향을 불러일으킬 것이다.

- 청춘들에게 해주고 싶은 인생 조언
- 세상에 첫발을 내디딘 사회초년생에게 해주고 싶은 이야기
- 삶에 유용한 경제 이야기
- 전공과 관련된 이야기
- 학생들을 가르치면서 느꼈던 점들
- 인생의 아픔과 좌절, 꿈과 희망

참고할 만한 책

- 김경희,《틀 밖에서 놀게 하라》
- 홍성태,《브랜드로 남는다는 것》
- 마크 브래킷,《감정의 발견》
- 정재승,《정재승의 과학 콘서트》
- 박재희,《1일 1강 논어 강독》
- 이시형,《공부하는 독종이 살아남는다》
- 정재승,《열두 발자국》
- 이시형,《이시형 박사의 면역 혁명》

의사, 약사

    지금은 백세시대다. 기대수명이 길고, 많은 사람이 건강에 커다란 관심을 갖는다. 어떻게 건강한 삶의 질을 유지할 것인지, 긴 수명을 살아가기 위해 무엇을 해야 하는지 고민이 많다. 오래 살더라도 건강하지 못하다면 축복이 아닌 재앙이기 때문이다. 그래서 건강을 유지하기 위해 몸에 좋은 음식을 먹고, 바쁜 와중에도 헬스클럽에서 땀을 흘리며 운동한다.

    서점에 가보면 의사들이 쓴 건강서의 경우, 국내 작가들의 그것보다 외국 번역서가 훨씬 더 많다. 우리나라 의사들이 건강서를 쓴다면 우리나라 국민에게 좀 더 도움이 되지 않을까 생각한다. 자신의 의학적 지식과 다양한 환자들을 상담하고 치료한 경험, 노하우를 담는다면 좋은 책이 될 것이다. 책을 출간하게 되면 자연스레 퍼스널 브랜딩이 된다. 요즘 건강과 관련한 TV 프로그램들이 많은데 그런 곳에서 패

널로 출연 요청을 해올 수도 있다.

다음과 같은 주제로 책을 써보자.

- 건강에 대한 잘못된 상식
- 병을 고치는 올바른 생활습관
- 다이어트를 망치는 가짜 식욕에 대한 이야기
- 안전하게 병원을 이용하는 방법
- 병원에서 당신에게 일어날 수 있는 일
- 아무도 말해주지 않았던 병원의 진실
- 자신의 전공과 관련된 이야기
- 의사를 꿈꾸는 후배들에게 해주고 싶은 이야기

참고할 만한 책

- 신동진, 《당뇨약 끊기 3개월 프로그램》
- 어환, 《허리디스크 수술 없이 낫기》
- 이창욱, 《당신은 허리디스크가 아니다》
- 김의신, 《암에 지는 사람, 암을 이기는 사람》
- 고용곤, 《줄기세포, 관절염 치료의 새 장을 연다》
- 박상준, 《몸짱 의사의 성형 다이어트》
- 문지현, 《정신과 의사에게 배우는 자존감 대화법》

가정주부

모든 부모는 자녀 교육에 뜨거운 관심을 가지고 있다. 서점에 가보면 다른 장르에 비해 자녀 교육서가 무척 많다. 예전에는 유아교육학과 쪽의 전문가들이 쓴 책들이 대부분이었다. 하지만 지금은 평범한 엄마들이 자신의 경험과 노하우를 담은 자녀 교육서들도 많이 내고있다. 육아에 정답은 없기 때문에 자신의 육아 경험을 써내면 되는 것이다.

엄마들 대부분이 겪는 고민과 시행착오에 도움을 주는 책을 써보자. 내 아이를 키우며 겪은 경험담과 깨달음, 노하우 등을 책에 담아보자. 이는 특히 첫아이를 키우는 초보 엄마들에게 크게 도움이 된다. '나는 성공한 사람도 아니고…', '아이가 아직 성공한 것도 아닌데…' 등과 같은 생각들은 과감히 쓰레기통에 던져 버려라. 모든 엄마는 책을 쓸 자격을 충분히 갖추고 있기 때문이다. 특히 책을 쓰게 되면 자녀 교육의 전문가로 인정받는다는 사실을 기억하자. 다음과 같은 콘셉트의 책을 기획해보면, 첫 책을 쓰는 데 많은 도움이 될 것이다.

- 아이를 잘 키우는 나만의 비결
- 싸우지 않고 아이를 키우는 비결
- 아이를 위한 감정 코칭
- 아이와 친구가 되어주는 대화법
- 화내지 않고 아이 키우는 비결
- 초등학교 독서록 쓰는 방법
- 아이의 성장을 돕는 식습관에 대한 내용
- 부모가 가져야 할 좋은 습관들
- 아이와 미치도록 코드가 안 맞는 엄마를 위한 성격에 따른 양육법
- 아이의 미래를 결정짓는 말 한마디
- 부모가 반드시 알아야 할 칭찬법

참고할 만한 책

- 권마담, 《초능학생 새 학년 준비 수업》
- 오은영, 《어떻게 말해줘야 할까》
- 최은아, 《자발적 방관육아》
- 정가은, 《우리 아이 기질 맞춤 양육 매뉴얼》
- 천영희, 《내 아이의 말 습관》
- 윤지영, 《엄마의 말 연습》
- 박지현, 《5~10세 아들 육아는 책 읽기가 전부다》

종교 지도자

절이나 성당, 교회에서 신도들에게 설교로 복음을 전파하는 데는 한계가 있다. 나는 교회를 하나 개척하는 것보다 책 한 권을 쓰는 것이 더 효과가 있다고 생각한다. 종교인이 자신의 신념과 종교인으로서의 지식과 경험, 깨달음을 한 권의 책에 담아 펴낸다면 어떨까? 그 책이 세상 곳곳을 누비며 분신처럼 자신의 메시지를 전파할 것이다. 그래서 한 권의 책이 위대하다는 것이다. 내가 만사 제치고 책부터 한 권 써보라고 말하고 싶은 이유다. 그러면 시간과 공간적인 제약에서 벗어나 세상에 선한 영향력을 끼칠 수 있을 것이다.

- 사람들에게 꿈과 희망을 주는 이야기
- 종교인으로서 평소에 가지고 있는 생각과 철학
- 사람들을 만나면서 느끼고 깨달았던 이야기

- 마음에 상처 입은 사람들을 위한 힐링 에세이

- 종교를 떠나 자신이 걸어온 발자취를 더듬는 에세이

- 청춘들에게 해주고 싶은 이야기

- 예비 신랑, 신부들에게 해주고 싶은 이야기

- 마흔앓이를 하고 있는 중년들을 위한 힐링 에세이

참고할 만한 책 ───────────────

- 법륜, 《법륜 스님의 행복》
- 송준기, 《숨기지 마라 : 목사가 말하는 섹스와 결혼 이야기》
- 명진, 《스님, 어떤 게 잘 사는 겁니까》
- 김양재, 《사랑받고 사랑하고》
- 선재 스님, 《당신은 무엇을 먹고 사십니까》
- 유시찬, 《나는 지금 어디에 서 있는가》
- 이용규, 《가정, 내어드림》

언론방송 기자

많은 이들이 부러워하는 직업 중의 하나가 '기자'다. 기자의 가장 큰 매력으로 자유로운 시간과 다양한 사람들을 만날 수 있다는 장점을 들 수 있다. 그래서 기자를 꿈꾸는 사람들이 많다.

나는 꿈을 이루어 기자가 되었다면, 기자로서 생활하며 퍼스널 브랜딩을 해나갈 필요가 있다고 조언하고 싶다. 퍼스널 브랜딩을 하게 되면 강연, 칼럼 기고 등의 기회가 찾아온다. 현직을 유지하면서도 여러 가지 수입 파이프라인을 만들 수 있는 셈이다. 다음과 같은 콘셉트로 책을 써보면 인생의 폭이 훨씬 넓어질 것이다.

• 기자가 되기 위한 과정
• 기자 생활을 하면서 만난 사람들 이야기
• 일상생활을 담은 에세이

참고할 만한 책

- 유인경, 《내일도 출근하는 딸에게》
- 고종석, 《고종석의 문장》
- 성선화 외, 《주식으로 짠투자하라》
- 박종훈, 《빚 권하는 사회에서 부자 되는 법》
- 이선미, 《아나운서 멘토링》
- 정용실, 《혼자 공부해서 아나운서 되기》
- 윤영미, 《SBS 아나운서 윤영미의 열정》

부동산 중개인

요즘 많은 이들이 부동산 투자에 관심을 보인다. 하지만 섣불리 투자했다가는 돌이킬 수 없는 어려움에 직면할 수 있다. 그래서 부동산 투자를 하고 싶어 하는 많은 이들이 주저하다가 포기하고 만다. 다음은 어느 부동산 컨설턴트의 말이다.

"요즘 오피스텔이나 도시형 생활주택이 부동산 투자처로 인기를 끌고 있다. 하지만 수익률은 5% 안팎이다. 상가 수익률은 이보다도 더 낮다. 수익형 부동산이 대세라고 하지만, 실제 이를 통해 돈을 벌었다는 투자자는 극히 소수에 불과하다. 무턱대고 수익형 부동산에 투자할 것이 아니라 안전하게 연금이 나오면서 위험이 거의 없는 연금형 부동산에 투자해야 한다."

부동산 중개인이라면 다음과 같은 콘셉트의 책을 써보자. 나에게 배운 부동산 중개인 중에 강연, 상담, TV 출연 요청을 받는 사람들이 많다. 그러니 책을 쓴다면 인생의 폭이 확장될 것이다. 책을 읽고 찾아오는 고객들이 늘어날 것이고, 덩달아 부동산 중개사무소도 홍보가 된다.

- 경매로 하는 알짜 재테크
- 경매, 입찰 전 준비해야 할 모든 것
- 차곡차곡 모으면서 시작하는 부동산 통장 만들기 프로젝트
- 초간단 권리분석법
- 평범했던 그들의 특별한 경매 투자 비밀
- 부자들만 아는 절세의 비밀
- 공매의 매력
- 초보자를 위한 부동산 실전 경매 가이드
- 다양한 사례로 배우는 부동산 경매 배당표 작성법
- 좋은 물건 분석 노하우

참고할 만한 책

- 심학렬, 《서울 부동산 절대 원칙》
- 이현철, 《전세가를 알면 부동산 투자가 보인다》
- 정태익, 《운명을 바꾸는 부동산 투자 수업》
- 김상준, 《흙수저 루저, 부동산 경매로 금수저 되다》
- 이소라, 《무조건 수익 내는 실전 부동산 경매》
- 이현정, 《부동산 경매 무작정 따라 하기》
- 송희창, 《송사무장의 부동산 경매의 기술》

심리상담가

양창순 박사의 《나는 까칠하게 살기로 했다》, 《담백하게 산다》라는 책이 있다. 이 책들이 독자들의 많은 사랑을 받는 이유는 기존 심리서들과는 다른 스타일로 집필되었기 때문이다. 뛰어난 필력과 전문성을 갖춘 정신과 의사답게 책의 콘셉트가 확실하다. 콘텐츠의 전문성 또한 독자들을 매료시켰다. 저자가 경험한 다양한 임상 사례들을 에세이 형식으로 가볍고 재미있게 풀어냈다. 이를 읽는 독자들은 마치 자신의 이야기인 것처럼 동화되어 큰 감동을 받게 된다. 심리상담 분야의 일을 하고 있다면, 다음과 같은 콘셉트의 책을 써보자.

- 취업 문제로 힘들어하는 청춘들을 위한 힐링 가이드
- 위기의 부부들에게 보내는 부부관계 가이드
- 부부관계 회복을 위한 감정 코칭

- 인생, 사랑, 관계에 서툰 사람들을 위한 조언
- 10대들에게 전하는, 마음을 치유하는 행복한 습관
- 행복한 부모가 되기 위한 마음 치유법

참고할 만한 책

- 양창순, 《나는 까칠하게 살기로 했다》
- 엘렌 랭어, 《늙는다는 착각》
- 김혜남, 《만일 내가 인생을 다시 산다면》
- 문요한, 《관계를 읽는 시간》
- 윤홍근, 《자존감 수업》
- 이혜진, 《인정받고 싶어서 오늘도 애쓰고 말았다》

스포츠선수

야구 해설가이자 방송인으로 변신에 성공한 양준혁 SBS 해설위원
이 있다. 그는 42세의 나이에 은퇴했다. 은퇴하기 전까지는 40대 중반
까지 현역으로 지낼 각오였다고 한다. 하지만 현실은 그렇지 못했다.
정말 사랑했던 여인을 떠날 수밖에 없는 심정으로 선수생활에 종지부
를 찍어야 했다.

하지만 은퇴 후 다행히 방송 활동이 이어졌고 강연 요청이 쇄도했
다. 그는 우스갯소리로 아마 은퇴 후 그냥 쉬었다면 많이 괴로웠을 거
라고 말한 적이 있다.

다른 사람들은 은퇴하고 나면 할 일이 없어 우울증을 앓거나 대인
기피증에 시달리기도 한다지만, 요즘 그는 행복한 나날을 보내고 있
다. 스케줄이 꽉 차서 쉴 틈이 없기 때문이다.

그가 은퇴 후 다양한 활동을 할 수 있었던 것은 저서 《뛰어라! 지금

이 마지막인 것처럼》을 펴냈기 때문이다. 이 저서로 인해 다양한 곳으로부터 강연 요청이 이어졌다. 운동선수는 연예인들과 다를 바 없다. 현역에 있을 때는 스포트라이트를 받으며 화려한 생활을 하지만, 은퇴하고 나면 일반인들의 관심도는 급격하게 떨어진다. 따라서 현역에 있을 때 인생 2막을 철저히 준비해 나가야 한다. 당신이 운동선수라면 다음과 같은 콘셉트로 책을 써보자.

- 실패담과 성공담이 모두 담긴 자전적 에세이
- 운동하면서 느꼈던 깨달음에 대한 내용
- 청춘들에게 반드시 해주고 싶은 조언
- 자신이 선수로 성장하게 된 이야기
- 자신의 운동 분야에 대한 성공 노하우

참고할 만한 책
- 양준혁, 《뛰어라! 지금이 마지막인 것처럼》
- 이승엽, 《나. 36. 이승엽》
- 박지성, 《박지성 마이 스토리》
- 손혁, 《손혁의 투수 멘털 코칭》
- 이동국, 《세상 그 어떤 것도 나를 흔들 수 없다》
- 손웅정, 《모든 것은 기본에서 시작한다》
- 김연경, 《아직 끝이 아니다》

정치인

정치인의 삶은 보통 사람들이 생각하는 것 이상으로 힘겹고 고통스러운 부분이 많다. 그래서 정치에 입문했던 많은 이들이 한번 정계 활동을 하고 난 후 자신의 본업으로 돌아가는 경우가 많다. 그동안 자신에게 가시방석처럼 힘들게 느껴졌던 본업이 훨씬 마음 편하고 즐거운 일이었다는 것을 깨닫는 것이다. 이렇듯 정치 활동에 대해 사람들이 오해하는 부분이나 정치인으로서의 길을 가다듬으려면, 본인의 저서를 펴내는 것이 유익하다. 저서를 쓰는 일은 그동안 자신이 걸어온 발자취를 살펴보면서 앞으로 나아갈 방향을 잡는 일이다. 그래서 자신의 과오를 반복하지 않기 위해 노력하게 된다. 정치인이 자신의 공적과 정치 철학 등이 담겨 있는 저서를 내게 되면 대중의 인지도를 높이게 된다. 결과적으로 다음 재선 때 큰 도움이 될 것이다. 다음과 같은 콘셉트로 책을 써보라.

- 자신이 걸어온 인생 스토리

- 인생의 경험담과 정치 철학

- 정치 후배들에게 들려주고 싶은 이야기

- 청춘들에게 말해주고 싶은 인생의 교훈

- 자신의 공적

- 가족에게 미안했던 점들

- 정치인으로서 실현하고 싶은 꿈과 비전

참고할 만한 책

- 박원순, 《생각의 출마》
- 유시민, 《어떻게 살 것인가?》
- 힐러리 로댐 클린턴, 《힘든 선택들》
- 도널드 트럼프, 《거래의 기술》
- 김대중, 《김대중 자서전》
- 버락 오바마, 《내 아버지로부터의 꿈》
- 버락 오바마, 《버락 오바마 담대한 희망》
- 강용석, 《강용석의 직설》
- 김어준, 《건투를 빈다》
- 데일 카네기, 《데일 카네기 나의 멘토 링컨》

어린이집·유치원 대표

　요즘 많은 자녀 교육서들이 출간되고 있다. 평범한 주부, 어린이집과 유치원 대표, 학원 강사, 교사 등 다양한 이들이 이 분야를 다룬 책을 낸다. 현재 국내 한 가구당 자녀 수는 1~2명 정도인 만큼 부모들은 아이들에게 적극적으로 투자한다. 자녀 교육에 대한 관심이 높기 때문이다. 그래서 지금도 그렇지만 앞으로도 자녀 교육 시장은 전망이 밝다고 할 수 있다.

　특히 어린이집·유치원 대표라면 자녀 교육서 분야의 책 쓰기에 도전해보라. 저서를 가진 원장들은 그리 많지 않다. 따라서 책을 쓴다면 학부모들로부터 신뢰와 믿음을 얻을 수 있다. 한책협 카페 회원 중 어린이집·유치원 대표들이 많은 이유도 여기에 있다. 2012년에는 분당에서 배성유치원을 운영 중이던 홍미경 원장이 나에게 책 쓰기 코칭을 받고 《내 아이 마음 보살피기》, 《비교하는 엄마 기다리는 엄마》를 펴냈다. 역시 분당에서 이매유치원을 운영 중이던 최경선 원장은 《스칸디식 교육법》을 펴내 학부모들에게 인정받았으며, 지금은 틈틈이 강연 활동까지 병행 중이다. 지역 신문이나 전단으로 원아 모집 광고를 하는 대신 자신의 이름으로 된 자녀 교육서를 써보라. 경쟁 중인 어린이집·유치원과는 확실하게 차별화할 수 있다. 다음 주제의 자녀 교육서들을 집필해보라.

- 아이와 원활하게 소통하는 비결
- 어린이집·유치원 성공적 운영법
- 내 아이를 위한 대화법
- 아이의 숨은 잠재력을 끌어내는 자녀 교육법
- 좋은 엄마의 자격
- 아이의 나쁜 습관을 바꾸는 방법

참고할 만한 책

- 장성오, 《화내는 엄마, 눈치 보는 아이》
- 성우얼, 《균형 육아》
- 이미화, 《기적의 부모수업》
- 홍미경, 《아내는 가끔 다른 인생을 꿈꾼다》
- 윤연희, 《엄마의 행복어 사전》
- 서형숙, 《엄마 학교》
- 홍수현, 《생각하는 아이 기다리는 엄마》
- 칼 비테, 《칼 비테의 자녀 교육법》

- 최경선, 《아이가 나를 미치게 할 때》
- 하진옥, 《엄마교육》

직장인

평범한 직장인들이야말로 책을 꼭 써야만 한다. 가장 큰 이유는 지금 다니는 직장이 언제까지나 그들의 자리를 보전해주지 않기 때문이다. 다시 말해 언제 퇴직할지, 아니 퇴사를 권유당할지 모르기 때문이다. 그래서 밥벌이가 가능한 직장인 신분일 때 인생 2막을 준비하기 위해 시간을 내서 책을 써야 한다.

독보적인 1인 기업가였던 구본형 소장은 생전에 "자신이 좋아하는 일을 찾아야 한다"라고 강조했다. 그 역시 과거에는 IBM의 경영혁신 팀장이라는 직책을 가진 평범한 직장인일 뿐이었다. 하지만 어느 날 그는 자신이 아무리 회사에 충성하고 헌신해도 5년 후, 10년 후가 암울하다는 것을 깨달았다.

고민을 거듭한 끝에 그는 20년에 가까운 직장생활과 결별하기로 했다. 그렇게 경영혁신이라는 자신의 업무와 관련이 있는 변화경영전문가로 변신했다. 그는 처음 책을 쓰게 된 계기에 대해 이렇게 말했다.

"내게 잘 안 맞는 일을 하며 스트레스받는 것보다는 원하는 일을 하며 즐겁게 살자고 생각했다. 마흔이 넘어가면서 이렇게 사는 게 잘 살고 있는 건가 하는 회의가 자주 들었다. 3~5년 후에는 어떤 모습일까? 좋은 그림이 그려지지 않았다. 그러자 '큰일 났구나' 싶었다. '제2의 인생은 의미 있게 살아야겠다, 그대로 있다 해도 언젠가는 회사를 떠나게 될 것이다'라는 생각이 들었다. 고민하다 책을 쓰게 되었다."

그는 16년 동안 변화경영에 대한 일을 해왔기 때문에 하던 일을 그대로 묻어두는 것이 아까웠다면서, '변화경영이라는 것이 비즈니스가 되는지 알아보자'라는 호기심에서 책을 쓰기 시작했다고 한다. 그렇게 해서 탄생한 첫 책이 《익숙한 것과의 결별》이다. 이 책은 베스트셀러가 되었고 강연 요청이 쇄도했다. 그는 책 쓰기가 생각했던 것보다 즐거웠고, 괜찮은 직업이 될 수 있겠다고 생각했다. 그러곤 회사에 있는 동안 일 년에 한 권씩 책을 낼 수 있는지 시험해봤다. 그리고 3년 후에 네 번째 책을 준비하면서 퇴사하고 〈구본형 변화경영연구소〉를 열었다.

요즘의 트렌드에 비춰볼 때 10년 정도 직장생활을 했다면 이제 변화를 꾀해야 할 때다. 10년이면 강산도 변한다는 말이 있듯이 당신도 변해야 한다. 더욱 자신을 업그레이드해 거듭나야 한다. 그러려면 그동안 배우고 익히고 느꼈던 바를 책으로 기록하는 작업이 필요하다.

회사에 무조건 충성하고 헌신하지 마라. 무식하게 "충성!"을 외치다가는 돌아오는 것은 '사오정', '오륙도'요, 건강만 나빠지고 결국에는 헌신짝처럼 버려질 수 있다. 직장생활을 하는 지금, 선택과 집중을 해라. 자신의 이름으로 된 책을 써라. 그래서 강연과 칼럼 기고, 코칭, 컨컨설팅 등의 새로운 수입 파이프라인을 만들어나가길 바란다.

- 자신의 업무 노하우
- 남다른 취미생활
- 남들에게는 없는 자신만의 시간 관리법
- 자신만의 인간관계법
- 일상생활에서의 이야기
- 자신만의 성과 발휘 노하우
- 인생을 살면서 깨달은 점
- 보고서, 기획서 등 비즈니스 문서 잘 쓰는 법
- 부하직원, 상사와 원만한 관계를 유지하는 법

참고할 만한 책

- 이용태, 《일공부력》
- 박병록, 《준비하는 직장인, 별을 품다》
- 권혁찬, 《슬기로운 회사생활》
- 박해룡, 《직장생활, 나는 잘하고 있을까?》
- 함규정, 《슬기로운 팀장 생활의 기술》

- 이용태, 《회사는 이런 사람을 원한다》
- 김태광, 《10년 차 직장인, 사표 대신 책을 써라》
- 권동희, 《당신은 드림워커입니까》
- 신현만, 《왜 출근하는가》
- 황정철, 《어서 와, 조직은 처음이지?》

당신이 정하는 주제가 당신 인생의 콘셉트가 된다

"당신은 어떤 인생을 살았습니까?"

우리는 저마다 특별한 인생을 살고 있다. 사람들은 특별한 인생이라고 하면 남들보다 더 뛰어나고 성공한 인생을 떠올린다. 하지만 내가 말하는 특별한 인생이란 나의 관점에서 남들과 다른 여정을 걸어온 삶을 말한다. 지구상의 사람들 가운데 남들과 100% 똑같은 인생을 살아온 사람은 없다. 세세하게 들여다보고 따져보면 차별되고 구별된다.

이렇게 묻는 사람들도 있다.

"평범한 집에서 태어나 평범한 학교를 나왔고, 평범한 회사에 다니고 있는데 이런 삶도 특별한 인생일까요?"

"저는 아직 갚아야 할 빚도 많고 직업도 없는데 특별한 인생이라고 할 수 있을까요?"

그렇다. 모두 특별한 인생이다. 책을 쓸 때 기획, 즉 주제를 정하는 것은 너무나 중요한 일이다. 어떤 주제를 정하느냐에 따라 미래가 완전 달라지기 때문이다. 특정 주제로 책을 쓰기 때문에 그 책이 출간되면, 사람들은 당신을 그 주제의 전문가로 인정하게 된다.

많은 사람이 퍼스널 브랜딩을 하기 위해 나를 찾아온다. 책을 쓰기 전 주제를 기획하는 일은 매우 중요하다. 그래서 한책협에서 진행하는 책 쓰기 퍼스널 브랜딩 교육과정에 등록하면, 제출한 자기소개서를 읽어보고 내가 직접 수강생들에게 맞는 주제를 정해준다. 초보인 그들을 위해 내가 직접 기획해주는 것이다.

주제를 정할 때는 다음 다섯 가지를 고려해야 한다.

첫째, 주제가 나의 꿈과 연결되는가?

둘째, 내가 즐겁게 쓸 수 있는 주제인가?

셋째, 출판사 에디터들이 좋아할 만한 주제인가?

넷째, 책 출간 후 퍼스널 브랜딩에 도움이 되는가?

다섯째, 작가를 넘어 상담과 코칭, 강연, 1인 창업으로 고수익을 창출할 수 있는가?

주제를 정하는 일은 너무나 중요하다. 대충 주제를 정해서 책을 쓴다면 시간과 노력을 낭비하게 된다. 주제를 제대로 정해야 제목과 목차 역시 명확하게 만들 수 있다. 주제가 올바르지 않다면 제목과 목차, 원고 내용은 굳이 볼 필요도 없다.

당신은 특별한 인생을 살았다. 절대 대충 주제를 정해서 책 쓰기를 해서는 안 된다. 망하기 딱 좋은 인생이 될지 모른다. 당신이 정하는 주제가 당신 인생의 콘셉트가 된다는 것을 기억해야 한다. 당신의 미래는 당신이 써내는 책이 결정한다고 해도 과언이 아니다.

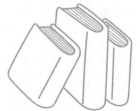

3장

아직도 글쓰기로
수익을 못 내는 사람들을 위한
돈 버는 책 쓰기 방법

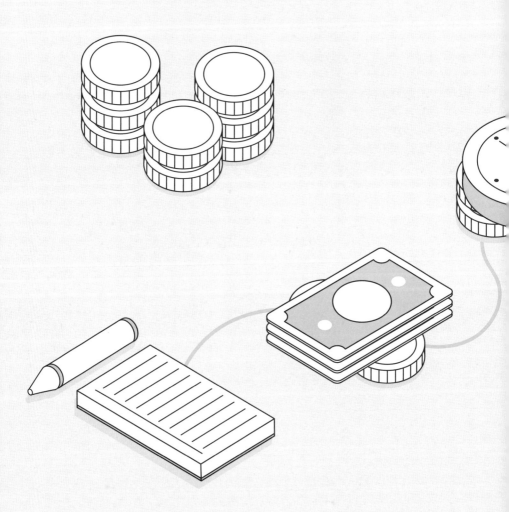

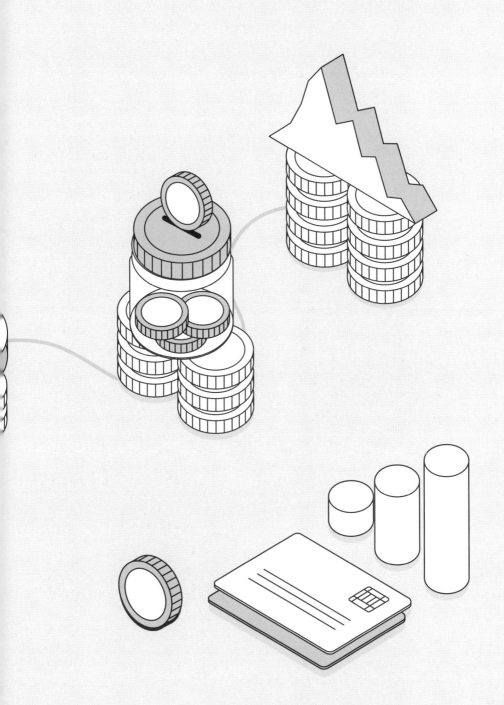

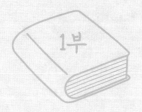

1부

자동으로 돈을 벌어주는
퍼스널 브랜딩 방법

돈 되는 주제 기획하기

돈 벌 수 있는 주제,
쉽게 뽑아내는 법

한 달 만에 원고를 써내기 위해서는 가장 먼저 해야 할 것이 있다. 바로 기획이다. 기획은 책을 쓸 분야를 선택하고 콘셉트를 정하는 과정이다. 자비출판 하는 사람들의 원고를 보면 기획 단계를 제대로 거치지 않는다. 그러다 보니 제목과 목차가 허술하게 된다. 원고를 쓸 때도 독자들을 전혀 배려하지 않은 채 자신이 하고 싶은 말만 쓴다.

책을 쓰려면 먼저 어떤 분야(에세이, 자기계발, 인문, 경제경영, 자녀 교육, 건강, 청소년, 아동)의 책을 쓸 것인지 고민해야 한다. 자신에게 맞는 분야를 결정해야 콘셉트도 정할 수 있기 때문이다. 콘셉트는 쉽게 말해 책의 주제라고 할 수 있다. '이 책에는 이러러한 내용이 담겨 있다'라고 말해주는 것이 바로 콘셉트다.

2016년 12월경 휴대전화 가게에서 휴대전화를 판매하던 30대 초반의 한 친구가 나를 찾아왔다. 그는 폼나게 살고 싶다는 욕심에 영업 일을 그만두고, 레스토랑 경영, 렌탈 등 여러 사업을 하다가 거액의 빚만 진 채 다시 영업의 세계로 돌아왔다고 했다. 그는 퍼스널 브랜딩을 위해 책을 쓰고 싶다고 했다. 책 쓰기를 가르치는 교육회사들 가운데 한책협이 가장 빠르고, 제대로 된 교육을 해주고 있다는 생각에 한책협을 선택했다고 말했다. 그는 책 쓰기 퍼스널 브랜딩 교육과정에 등록했고, 나는 그가 제출한 자기소개서를 면밀히 검토한 후 영업을 주제로 책을 쓰자고 제안했다. 이 주제로 책을 쓰게 되면 어떤 수입 파이프라인을 만들어갈 수 있는지도 알려주었다. 영업만 해서는 고달픈 삶을 살게 되지만, 영업을 주제로 한 책을 내고 영업 코치로 활동하게 되면 상담, 컨설팅, 코칭, 교육을 통해 전달하는 가치에 맞는 비용을 받을 수 있다고 말했다. 그렇게 해서 그는 《나는 인생에서 알아야 할 모든 것을 영업에서 배웠다》라는 저서를 출간하게 되었다.

그가 바로 앞서 언급했던 〈안대장TV〉를 운영하는 안규호(안 대장) 작가다. 그와 그의 아내 양유진 씨는 내가 운영하는 1인 창업 교육과정을 수강한 후 네이버 카페를 열었다. 안규호 부부는 한책협에서 책 쓰기를 넘어 온라인 카페 개설하는 법, 카페 가입 회원들 상대로 TM 하는 방법, 블랙 컨슈머 고객 대응법 등 1인 창업에 관한 모든 것을 배웠다. 그는 이후에도 《어서 와, 영업은 처음이지?》, 《멘트가 죄다》 등 영업을 주제로 한 여러 권의 책을 출간했다. 언제인가 한책협 성공자 모임에서 내 바로 옆자리에 앉은 그가 내게 "1인 창업 수업은 신의 한 수였습니다!"라고 했던 말과 그 모습이 지금도 잊히지 않는다.

안 대장은 한책협에서 알려주었던 노하우를 활용해 법인영업 주제의 강의를 시작했다. 1기 수강생은 2명이었는데, 2기에는 수강생들이 10명으로 늘어났다. 앞으로 인원이 더 늘어날 것 같다는 소식을 전해오기도 했다. 그만큼 기하급수적으로 그의 수입이 늘어나기 시작한 셈이다. 나를 만나 책을 써서 브랜딩 하고 강의를 시작하기 전까지만 해도, 그렇게 열심히 사는데도 그는 벤츠를 구입하지 못했다. 하지만 나를 만난 지 일 년도 채 안 된 시간에 자신의 첫 번째 꿈의 차였던 벤츠 CLS를 일시불로 구입했다.

그는 목표였던 정규 수강생 10명이 채워지자 갑자기 나와 한책협 생각이 났다며, 2017년 5월 31일 한책협 카페 게시판에 '오랜만에 고향에 옵니다~'라는 제목으로 감사의 인사 글을 올린 바 있다. 현재 그는 일 년에 수십억 원을 벌며, 롯데타워 시그니엘에서 살고 있다.

내가 하고 싶은 이야기는 안 작가가 지금처럼 성공할 수 있었던 것은 첫 책의 주제를 자신이 가장 잘하는 '영업'으로 정했기 때문이라는 것이다. 간혹 책을 쓰기 위해 찾아온 사람들 가운데 자신이 하는 일과는 동떨어진 주제를 욕심내는 사람들이 있다. 이유를 물어보면 "지금 트렌드가 이런 주제여서, 이 주제의 책들이 대부분 잘 팔리고 있어서…"라는 식으로 대답한다. 초보 작가들은 신중하게 고민한 후 주제를 정해야 한다. 자신과 맞지 않는 주제를 정해서 망하는 사람들이 너무나 많기 때문이다.

앞서도 언급했던 고재석 작가는 2022년 5월에 퍼스널 브랜딩을 위해 한책협을 찾아왔다. 그는 나와 상담을 거친 후 책 쓰기 퍼스널 브랜딩 교육과정에 등록했다. 나는 그가 제출한 자기소개서를 면밀히 읽어봤다. 그는 그동안 인간관계 때문에 많이 힘들어 취미로 에니어그램을 공부했다고 했다. 깊이 있게는 공부하지 않았다고 했지만, 나는 그가 보통 사람들에게 도움을 줄 수 있는 정도의 지식과 깨달음, 노하우를 갖고 있다는 생각이 들었다. 나는 그에게 고시원을 창업하는 방법과 에니어그램을 활용해 인간관계를 잘 맺는 방법 중 한 가지 주제를 선택하게 했다. 그는 후자를 택했다. 나는 왜 이 주제로 책을 쓰고 싶은지 자세히 물었다. 그러곤 그의 첫 책은 에니어그램을 활용한, 인간관계 잘 맺는 법을 주제로 하는 게 적합하다는 판단을 내렸다. 그렇게 해서 고재석 작가의 첫 책 《꼬인 관계를 풀어주는 에니어그램 관계 수업》이 나오게 된 것이다. 이 책은 출간되자마자 바로 베스트셀러가 되었다. 책을 읽은 독자들로부터 상담 요청이 오고 있으며, 외부 기관의 강연 요청도 쏟아지고 있다고 한다.

정신분석 전문의 김혜남이 쓴 《만일 내가 인생을 다시 산다면》이라는 책이 있다. 이 책은 출간되자마자 베스트셀러가 되었다. 출간된 지 약 3개월 만에 20만 부가 판매되었다. 이 책은 저자가 22년간 파킨슨병을 앓으면서도 유쾌하게 살 수 있는 이유를 담고 있다. 힘든 시기를 보내고 있는 사람들에게 따뜻한 위로를 전해주고, 공감을 불러일으킨다. 이 책이 날개 돋친 듯이 팔리는 이유다.

요즘 출판사들은 예전과 비교해 저자들은 늘어났지만, 괜찮은 원고가 없다고 아우성친다. 대부분 수준이 떨어지거나 그저 그런 원고라는 것이다. 출판사는 원고가 들어오면 다음과 같은 사항들을 고려한다.

첫째, 저자 프로필
둘째, 콘셉트
셋째, 출간 방향
넷째, 시장성
다섯째, 원고의 가능성

이 다섯 가지를 토대로 출간할지, 말지를 결정한다. 먼저 원고를 쓰기 전에 장르와 콘셉트가 정확해야 한다. 그러지 않으면 독자들은 물론 출판사들로부터 퇴짜를 맞기 십상이다. 어떤 초보 저자들은 일 년 내내 수십 개의 출판사에다 원고를 투고하곤 제발 원고를 읽어 달라고 애원하기도 한다. 하지만 출판사들은 차별점이 약하고, 주제가 뚜렷하게 드러나지 않는 원고는 시장성이 부족하다고 판단해 철저하게 외면한다. 책 한 권을 만드는 데는 종잇값, 인쇄비 등의 제작비와 마케팅비를 포함해 수천만 원이 들기 때문이다. 자금력이 약한 출판사들의 경우는 몇 권의 책이 실패하면 큰 리스크를 떠안게 된다. 그들이 투고된 원고를 신중히 선택해 출간하는 가장 큰 이유다. 한마디로 철저한 기획이 우선되어야 한다는 말이다. 그 기획의 핵심은 장르와 콘셉트를 정확하게 정하는 데 있다.

경쟁이 아닌 성장을 위해
경쟁도서 공부하는 법

2022년 4월 21일, 대구에서 사는 50대 초반의 여자분이 내가 쓴 저서와 유튜브 채널에 업로드된 영상들을 보고 찾아왔다. 경제적 어려움 없이 평범한 삶을 살던 그녀는 몇 해 전 사업가 남편이 갑작스레 세상을 떠나면서 벼랑 끝에 내몰리게 되었다고 했다. 남편이 떠난 후 사업은 부도 위기에 직면했고, 그녀는 여러 역경과 고난을 숨 돌릴 틈도 없이 겪게 되었다. 그때 책을 써야 회사에서 만드는 제품을 홍보할 수 있겠다는 생각이 들었다. 그녀는 '성공해서 책을 쓰는 것이 아니라 책을 써야 성공한다!'라는 한책협의 슬로건에 꽂혔다고 했다. 홍보 수단으로 책 쓰기를 선택한 것이다.

지금도 생생히 기억난다. 나와 처음 상담하던 날, 그녀는 내게 글을 잘 못 쓰는데도 책을 쓸 수 있느냐고 거듭 물었다. 책을 너무나 쓰고 싶다면서. 나는 글쓰기와 책 쓰기는 전적으로 다르기 때문에 나를 믿고 따라오면, 단 몇 개월 만에 책을 출간할 수 있다고 말했다. 나는 그녀에게 진심을 다해 코칭해줬다. 그녀가 선택한 주제와 같은 주제로 출간된 경쟁도서를 일일이 찾아주었다. 경쟁도서의 장점은 취하고 단점은 개선하기 위해 노력해야 한다고 말하면서. 나는 정말 목숨을 걸고 코칭했다. 그 결과, 그해 11월에 그녀는 《평범한 주부였던 제가 사업가가 되었습니다》를 펴내게 되었다. 그녀가 바로 미래데코테크 정문교 대표다.

제대로 된 책을 내려면 전략적으로 써야 한다. 먼저 자신이 쓰고자 하는 책의 분야와 비슷하다고 생각되는 콘셉트의 경쟁도서를 20권 구입하자. 이 책들은 처음부터 끝까지 정독할 목적으로 구입하는 것은 아니다. 경쟁도서들을 연구, 분석하기 위해서다. 나는 수강생들에게 경쟁도서 분석하는 방법을 알려주면서 동시에 핵심 독서법에 대해 이야기해준다. 내가 운영하는 유튜브 채널 〈한국책쓰기강사양성협회〉의 영상 가운데 'IQ89 흙수저를 200억 자산가로 만들어준 독서법 10분이면 충분합니다'를 참고하면 도움이 될 것이다. 이런 과정을 거친 후 제목과 목차 만들기에 들어간다.

이때 경쟁도서들에는 어떤 강점이 있고, 단점이 있는지, 벤치마킹할 부분은 어떤 것들이 있는지 철저하게 메모하고 공부해야 한다. 장점은 취하고, 단점은 개선하면 된다. 나는 경쟁도서를 읽을 때 이런 부분을 '경쟁도서 공부 노트'에 철저히 기록했다. 기록장은 스프링 연습장이나 평범한 노트면 충분하다. 아니면 노트북으로 대신해도 좋다. 경쟁도서를 읽으면서 내가 배우고 적용해야 할 것들을 메모하면 책 쓰기에 많은 도움이 된다. 노트에 채워지는 텍스트의 양이 많아질수록 내가 쓰고자 하는 원고의 윤곽이 그려지면서 자신감이 붙기 시작한다.

내가 25년 동안 1,500여 권의 책을 기획, 300여 권의 책을 집필하면서 터득하게 된 나만의 글쓰기, 책 쓰기 노하우가 있다. 많은 사람이 책을 아주 조심스럽게 다룬다. 물론 성격적으로 조심성이 많거나 물건을 소중히 여기는 사람들일지도 모른다. 하지만 책만큼은 일반 물건들과는 다르게 생각해야 한다. 책을 읽으면서 메모하며 읽은 흔적을 남기는 것이 좋다. 감동을 주거나 자극받았던 인상적인 문장은 밑줄을 긋고, 떠오르는 생각을 여백에 메모하라는 말이다. 어떤 사람은 책에다 밑줄을 긋거나 메모하는 것, 페이지 귀퉁이를 접는 것조차 꺼려 한다. 책이 훼손된다고 여기기 때문이다. 하지만 이는 잘못된 독서법이다. 책을 깨끗하게 읽는 행위야말로 읽히기 위해 태어난 책에 대한 예의가 아니다. 책이 세상에 태어난 목적을 생각해보면 내가 하는 말을 이해하기 쉬울 것이다.

책의 내용, 저자의 생각과 깨달음, 노하우를 온전히 내 것으로 만들기 위해서는 중요한 부분에는 과감하게 밑줄을 그어야 한다. 독서하다 보면 순간순간 떠오르는 생각이 있다. 그때 여백에다 그 생각들을 메모하고, 추후 다시 읽고 싶은 내용이 있는 페이지는 귀퉁이를 접어 나중에 쉽게 찾을 수 있도록 해야 한다.

나는 **책날개**(저자들의 프로필이나 다른 책 소개 글이 쓰여 있는 부분) 옆의 면지(여백)에다 메모를 많이 하는 편이다. 면지를 독서 노트처럼 활용하는 것이다. 책을 읽으면서 목차를 만들 때 활용할 수 있는 문구를 발견하면, 바로 그곳에 옮겨 적는다. 물론 감동적인 문장을 발견했을 때도 그렇게 한다. 책 한 권을 다 읽고 나면 책에 수많은 메모를 비롯해 밑줄이 그어져 있어 지저분하다는 생각이 든다. 그만큼 보람이 크다. '아, 이제 이 책은 진짜 내 책이 되었구나' 하는 마음마저 든다. 나의 영혼이 담겨 있는 이런 책을 잃어버린다면 두고두고 애가 탈 것이다. 너무나 귀중한 보물과 같은 책이 되었기 때문이다.

많은 사람에게 읽히는 책을 쓰려면 그전에 반드시 경쟁도서를 공부하고 연구, 분석해야 한다. 이것이 많은 출판사로부터 러브콜이 쏟아지는, 질 높은 원고 쓰기의 첫걸음이다.

소득 10배 높이는
제목 만들기

"목차 만드는 게 너무 힘들어요. 3주째 목차만 잡고 낑낑대고 있어요."

"경쟁도서들을 보면 목차가 허접해서 더 잘 만들 수 있겠다 싶었는데, 실제로 해보니 제 착각이었다는 것을 깨닫고 있어요."

"누가 목차만 만들어주면 바로 원고를 쓸 수 있을 것 같아요."

많은 사람이 퍼스널 브랜딩 수단으로 책이 가장 효과적이라는 것을 알고 있다. 하지만 목차를 만들지 못해 책 쓰기를 포기한다. 그만큼 목차 만들기는 쉽지 않다. 책 쓰기를 집 짓기에 비유한다면, 목차 만들기는 설계도를 그리는 것과 같다. 목차 없이 원고를 쓴다는 것은 설계도 없이 집을 짓는 것과 다를 바 없다. 누가 봐도 엉성하고 곧 무너질 것 같은 느낌을 주게 된다.

사람들이 내게 쉽고 편하게 목차 만드는 법을 물어온다. 나는 20대

초반부터 지금까지 300여 권의 책을 집필했다. 그 과정에서 많은 어려움을 겪었지만, 대신 글쓰기와 책 쓰기, 출판하는 법, 퍼스널 브랜딩 방법까지 속속들이 통달하게 되었다. 지금까지 내가 코칭해 작가가 된 사람은 1,100명이나 된다. 그들은 하나같이 평생 책 한 번 써보지 않은 사람들이다.

나는 수강생들에게 맞는 주제를 기획해주고 있다. 제목과 목차 만드는 법을 정확하게 알려준 후 그들이 제출한 과제를 보면서 첨삭을 넘어 제목과 목차를 만들어주기까지 한다. 사람들은 왜 내가 수강생들의 제목과 목차를 만들어준 것을 생색내느냐고 의아해할 수도 있다. 사실 코치가 제목과 목차를 대신해서 뽑아주는 경우는 없다(많은 이들이 다른 코치에게서 이런 실질적인 도움을 받지 못해 나를 찾아온다). 대학이나 대학원에서 논문을 쓸 때 지도교수가 조언은 해주지만, 대신 제목과 목차를 만들어주지는 않는 것과 같다. 하지만 나는 보통 사람이 책을 쓰는 과정에서 어떤 부분 때문에 자신감을 잃고 힘들어하는지 누구보다 잘 알고 있다. 목차 때문이다. 그래서 내가 개입해서 도와주는 것이다. 목차가 만들어지면 책 쓰기의 80%는 완성되었다고 해도 과언이 아니다.

현재 한책협에서 코칭 받는 사람들은 대부분 한 달 정도 만에 A4 용지 100장 정도의 원고를 완성하고 있다. 업무나 사업상 아무리 바빠도 두 달을 넘기는 경우가 거의 없다. 의심스럽다면 네이버 카페 한책협에서 직접 눈으로 확인해보라.

누구나 읽고 싶어 하는 목차를 만들기 위해서는 먼저 정확한 주제가 전제되어야 한다. 그리고 한눈에 꽂히는 제목을 지은 후 한눈에 콘셉트가 파악되는 목차를 구성해야 한다. 여러 번 봐도 금세 이해되지 않는 목차는 출판사로부터 외면당하기 십상이다.

내가 고안한, 매력적인 제목과 목차를 만드는 비법은 다음과 같다.

첫째, 내 생각을 바탕으로 글을 쓰거나, 창작하지 않는다.
둘째, 다양한 경쟁도서들의 제목을 참고한다.
셋째, 온라인 서점에서 경쟁도서들의 책 소개, 출판사 리뷰, 목차를 공부한다.
넷째, 책 본문의 문장들에서 영감을 얻는다.

이 네 가지 비법을 잘 활용한다면 분명 섹시한, 경쟁력 있는 제목을 만들어낼 수 있다. 이 비법들을 종이에 적어 책상 앞에 붙여두고 수시로 들여다보자. 제목을 만드는 비법을 머릿속에 각인해야 더욱 빨리 원하는 제목을 뽑아낼 수 있다. 섹시한 제목을 정했다면 이번에는 책 쓰기의 설계도인 목차를 만들어야 한다.

목차를 구성할 때 이것만 기억하면 된다. 대부분의 책들 목차 장 제목은 4장 내지 5장으로 구성된다. 소설을 보면 보통 기승전결 4단계로 구성된다. 목차 역시 마찬가지다. 발단, 전개, 절정, 결말의 구조로 만들어야 한다. 이런 구조로 목차를 만든다면 출판사를 비롯해 많은 독자의 사랑을 받는 책을 쓸 수 있다.

초보 저자들의 책을 보면 대부분 목차가 엉성하다 못해 엉망이다.

1장에서 마지막 장까지 자연스럽게 이어지지 않고 어색할뿐더러 제각각이다. 각 장이 서로 피를 나눈 형제처럼 사이가 좋아야 하는데, 마치 이복형제처럼 생뚱맞게 구성되어 있다. 그러니 그 장을 이루고 있는 꼭지들(내용) 역시 이복형제들처럼 통일성도 없고 어색하기만 하다.

어떤 장르와 콘셉트든 내 조언을 적용해 목차를 만들어보자. 훨씬 쉬우면서도 출판사 에디터들이 혹하는 목차를 만들 수 있다. 다시 한 번 강조하지만, 목차는 무엇보다 중요하다. 목차가 엉성하면 각 장을 구성하는 꼭지들 역시 엉성함을 벗어나지 못한다. 그러면 꼭지의 주제를 차용해 쓴 원고 역시 엉망일 수밖에 없다.

2부

돈 버는 책 쓰기
딱 6단계만 지키세요

원고 작성하기

바로 "계약하시죠!"가 튀어나오는
출간계획서 작성법

이제 책 쓰기 과정 중 제목과 목차까지 만들었다. 사실 목차까지 만들었다면, 책 쓰기의 절반 이상은 진행했다고 할 수 있다. 많은 사람이 목차를 만들지 못해 책 쓰기를 허망하게 포기하기 때문이다. 그래서 이렇게 토로하는 이들이 많다.

"한 달째 목차를 붙잡고 씨름하고 있는데 잘 안 되네요. 너무 힘듭니다."

"누가 목차만 좀 만들어주면 그냥 일사천리로 원고를 써나갈 수 있을 것 같아요."

하지만 이제 당신은 목차까지 완성했다. 목차가 나왔다고 해서 곧장 본격적인 원고 집필에 들어가서는 안 된다. 책을 쓰는 일은 집을 짓는 일과 같다. 그래서 작가(作家)라는 단어에는 '집을 짓는 사람'이라는 뜻이 담겨 있다. 이처럼 책을 쓰는 일은 집을 짓듯이 해야 한다. 설계도가 나왔으면 이제 집을 짓는 계획이 세세하게 세워져야 한다. 그래야 공사기한이 무한정으로 늘어나지 않고 계획한 대로 공사를 마칠 수 있다.

제대로 원고를 쓰기 위해서는 다음과 같이 '출간계획서'를 작성해야 한다. 출간계획서가 중요한 이유는, 자신이 쓰고자 하는 콘셉트에서 벗어나지 않으면서, 직장생활이나 집안일로 바쁜 와중에도 선택과 집중을 통해 책 쓰기에 매진할 수 있도록 도와주기 때문이다. 출간계획서는 한마디로 초고 완성까지의 내비게이션이라고 할 수 있다.

다음과 같이 출간계획서를 작성해보자.

출간계획서

- 저자 프로필 : 저자의 프로필과 함께 저자만의 스펙이나 경쟁력을 풀어서 쓰는 것이 좋다.
- 기획 의도 : 왜 이 책을 쓰고자 하는지 의도를 비교적 자세하게 적는다. 다른 책들과 차별화되는 점을 곁들여보자.
- 가제 : 책의 주제나 콘셉트가 담긴 책의 제목을 짓는다. 한눈에 이 책이 무엇을 말하는지 알 수 있어야 한다.
- 예상 원고 내용 : 쓰고자 하는 책의 내용에 대해 적는다.
- 타깃 독자 : 책을 기획할 때 염두에 두었던 연령층을 대상으로 쓴다.
- 경쟁도서와의 차별점 : 비슷한 콘셉트의 기존 경쟁도서들을 세밀

하게 비교 분석한 후 그 책들과 자신이 쓰는 책의 차별점을 자세히 쓴다.

- 집필 기간 : 원고 쓰기를 언제 시작해서 언제 마칠 것인지 데드라인을 정한다. 늦어도 3개월 안에 원고 집필을 마치는 것이 좋다.

- 홍보, 마케팅 전략 : SNS와 유튜브가 대중화되지 않았을 때는 출판사가 전적으로 홍보와 마케팅을 담당했다. 하지만 지금은 저자와 출판사가 함께 홍보, 마케팅해야 시너지가 난다. 책이 출간된 후 출판사에만 홍보와 마케팅을 맡기기보다 저자가 함께 마케팅하러 나서야 한다. 저자가 직접 SNS, 유튜브, 다양한 모임 등에서 저서를 홍보하게 되면 사람들에게 신뢰를 줄 수 있다. 큰 비용을 들여 광고하는 것보다 훨씬 효과가 크다. 책 출간 후 SNS, 유튜브, 블로그 마케팅, 출간 기념회, 친목 모임 등을 통한 홍보 마케팅 전략을 생각해보자.

처음 책을 쓰는 초보 작가들은 반드시 출간계획서를 작성해야 한다. 책 한 권의 원고 분량은 A4 용지로 100장 정도다. 출간계획서 없이 원고를 쓰면, 출판사로부터 외면당하게 될 것이다. 책을 어느 정도 출간하고 나면 나처럼 출간계획서 없이 책을 쓰게 된다. 그때까지는 귀찮고 번거롭더라도 꼭 출간계획서부터 작성한 후 원고를 쓰기 바란다.

독자의 반응을 일으키는
사례 찾는 법

원고에 저자의 지식과 경험,
삶의 깨달음을 담아라

많은 사람으로부터 자신이 쓴 원고가 출판사의 호응을 얻을 수 있을지 검토해달라는 요청을 받는다. 예전에는 그들의 노력을 생각해서 원고를 검토해주었지만, 지금은 따로 검토해주지 않는다. 그 이유는 그들에게 상처를 주고 싶지 않아서다. 나에게 보내오는 원고들은 거의 전부 다 제목부터 목차, 내용까지 두 번 다시 거들떠보고 싶지 않은 원고들이다. 이런 원고를 검토한 후 상대에게 이렇게 상처 주는 말을 하는 것은 부담스러운 일이다.

"이 원고는 출판되기 힘들 겁니다. 출판사에 투고하더라도 출판 계약을 하자는 곳은 없을 겁니다"라는 말을 듣는다면 누구도 기분이 좋을 리 없다. 과거의 나 역시 이런 말들에 기대가 무너져 좌절감을 느꼈던 적이 수없이 많았다. 그렇다고 해서 엉망인 원고를 두고 가식적인 칭찬을 해줄 수는 없는 노릇 아닌가. 고민 끝에 나는 나에게 책 쓰기 코칭을 받지 않은 사람들의 원고는 검토하지 않기로 결정했다.

초보 저자들이 쓰는 원고들은 십중팔구 자비출판용 원고다. 자비출판은 자신이 출판 비용을 부담해서 책을 출간하는 것을 말한다. 그런 이들에게 나는 절대 자비출판은 하지 말라고 말한다. 자비출판을 해주는 출판사들은 상업출판사들로부터 퇴짜 맞은 원고를 주로 출판 비용을 받고 책으로 만들어준다. 500만~1,000만 원가량 드는 비용도 절대 적지 않은 금액이다. 내가 이런 방식으로 출판하지 말라고 하는 가장 큰 이유는 퍼스널 브랜딩이 힘들기 때문이다. 자비출판의 경우 대부분 저자가 지은 제목과 목차 그대로, 그리고 원고의 오타 정도만 교정하고 책으로 내놓는다.

자비출판용 원고는 다음과 같은 요소를 갖고 있다.

첫째, 제목이 너무 진부하거나 어렵다.
둘째, 목차가 기승전결 구조로 되어 있지 않다.
셋째, 대중서가 아니라 전공서에 가깝다.
넷째, 문장과 문단 형식이 맞지 않는다. 내용 속에 저자의 지식과 경험, 생각, 깨달음, 노하우 등이 부족하거나 빠져 있다.
다섯째, 독자들은 고려하지 않은 채 자아도취에 빠져 원고를 쓴 느낌을 준다.

독자들에게 울림을 주는 원고를 쓰고자 한다면 저자의 지식과 함께 경험이 담겨야 한다. 저자의 경험이 독자들의 공감을 끌어내는 가장 좋은 사례다. 그러니 원고를 쓰기 전에 목차를 구성하고 있는 각 꼭지에 들어갈 사례를 찾아야 한다. 이때 반드시 꼭지의 주제에 맞는 사례여야 한다.

사례를 찾을 때 꼭 기억해야 할 것

꼭지마다 사례가 왜 들어가야 하는지부터 생각해보자. 책을 읽는데 다양한 사례 없이 저자의 생각과 철학만 담겨 있다면 지루할 수 있다. 또한, 독자들은 가스라이팅 당하는 기분이 들어 '뭐야? 다 자기가 옳다는 거잖아!' 하며 반감을 품게 된다. 왜 그럴까? 독자들은 저자의 일방적인 의견이나 주장에 자존심이 상하기 때문이다. 마음 한구석에서 '정말 이 저자가 하는 대로 하면 될까?' 하는 의구심도 든다. 그런데 저자가 자신의 의견이나 주장을 펼치면서 가슴에 와 닿는 사례들을 소개하면, '아, 정말 그럴 수도 있겠네. 나도 한번 해볼까?' 하는 긍정적인 생각이 들게 된다.

초보 저자들이 많이 하는 실수가 크게 성공한 경험담이나 거창한 경험담을 찾으려고 한다는 것이다. 사실 평범한 사람에게 이 같은 경험담은 잘 없다. 과거의 나 역시 그랬다. 그러다 보니 첫 장의 첫 꼭지 원고를 쓰기도 전에 벽에 부딪치는 것이다.

사례를 찾을 때 꼭 기억해야 할 내용이다. 사례는 거창한 것보다, 소소한 이야기가 훨씬 와 닿는다. 살아오면서 경험했던 것들 가운데 행복감, 보람, 성취감, 슬픔, 상처, 배신감, 분노를 느꼈던 일들 중 소소한 이야기를 찾아보자. 꼭지 제목의 의미를 생각하면서 그동안의 경험을 떠올려보면 생각보다 쓸거리가 많다는 것을 알게 될 것이다.

처음 책을 쓰는 초보 작가들의 경우, 어떤 사례를 담아야 할지 모르는 사람들이 대부분이다. 그래서 유명인의 이야기를 담거나 익히 들어왔던 진부한 스토리를 소개하기도 한다. 이런 책들은 독자들로부터 외면당하기 십상이다. 첫째 재미가 없고, 둘째 가슴에 와 닿는 내용이 없어 더는 읽을 필요를 느끼지 못하기 때문이다.

각 꼭지에 들어가는 사례에 대해 좀 더 깊이 알고 싶다면 네이버 카페 한책협에 가입해보라. 많은 도움을 받을 수 있을 것이다. 내가 운영하는 유튜브 채널 〈한국책쓰기강사양성협회〉에도 책 쓰기와 관련한 수많은 영상이 있으니 참고하기 바란다.

사람들 중에는 꼭지에 담을 사례가 없다고 말하는 이들도 있다. 이 말은 틀렸다. 책 쓰는 방법을 모르기 때문에 그런 말을 하는 것이다. 그동안 살아오면서 얼마나 많은 경험을 했던가? 그 이야기만 담아도 충분하다. 자신의 경험들 중 꼭지 주제와 관련된 내용을 기억해내기만 하면 된다.

첫 문장만 잘 써도
글이 술술 풀린다

첫 문장 쓰기가 막막하고 두렵다면

수백만 부가 팔린 베스트셀러도 초고에서 시작된다. 수십만 권 이상 팔린 베스트셀러를 펴낸 작가들도 처음에는 그 책이 베스트셀러가 되리라고 예상하지 못한다. 서울대 김난도 교수 역시 《아프니까 청춘이다》라는 저서의 판매 부수를 3만 부 정도 예상했었다고 인터뷰한 적이 있다. 그런데 출간하고 나니 서점에서 불티나게 팔려나갔다. 그 양이 대략 300만 부가 넘는다. 인세 수입만 해도 수십억 원에 달한다.

그 어떤 책도 초고 없이는 탄생하지 못한다. 아무리 초고 쓰기가 두렵고 힘들더라도 일단 써내야 한다. 초보 작가들이 가장 힘들어하는 것이 A4 용지로 100장가량 되는 초고를 쓰는 것이다. 사실 나 역시 초고를 쓰는 일은 쉽지 않다. 그런데도 한 달에 몇 권의 원고를 쓸 수 있는 것은 써내리라 결심하고 쓰기 때문이다. 그래야 그 초고가 책이 되어 세상에 나올 수 있다. 퍼스널 브랜딩 하러 나를 찾아온 한 직장인의 말이다.

"첫 문장 쓰는 게 너무 힘들어요. 써야지, 하면서도 두 시간째 키보드만 만지작거리게 돼요."

"첫 문장을 썼다가 지우기를 반복하다 하루를 다 보내요. 경쟁도서를 보면 첫 문장이 그다지 멋지거나 하지도 않은데, 왜 저는 첫 문장 쓰기가 힘들게 느껴지는 것일까요?"

초고 쓰기가 막막하고 힘들게 여겨지는 것은 첫 문장을 쓰는 스킬이 없기 때문이다. 나는 수강생들에게 책 쓰기를 가르칠 때 이렇게 조언한다.

첫째, 첫 문장은 꼭지 제목의 주제에서 벗어나지 않아야 한다.
둘째, 첫 문장은 스케치하듯이 가볍게 쓴다.
셋째, 첫 문장부터 멋진 표현을 찾으려 애쓰다 보면 서론에서 막히게 된다.

첫 문장을 좀 더 쉽고 편하게 쓸 수 있는 고급 스킬이 있다. 하지만 이 스킬은 내가 책 쓰기 교육과정에서 알려주는 것에 비하면 조족지혈(鳥足之血)에 지나지 않는다. 여기서 살짝 맛만 보여주겠다. 다음 다섯 가지를 기억하면서 써보자.

> 첫째, 사회적인 분위기를 언급하는 말로 시작한다.
> 둘째, 유명인의 명언으로 시작한다.
> 셋째, 일상의 경험을 언급하며 시작한다.
> 넷째, 현재 나의 상황을 설명하듯이 쓴다.
> 다섯째, 사람들 대부분의 소망에 대해 쓴다.

원고 속에 자신의 지식과 경험, 인생의 깨달음, 노하우 등을 담는 것이 좋다. 저자의 입장에서는 자신의 이야기를 끄집어내는 것이므로 술술 쓸 수 있다. 독자는 자신과 비슷한 생각과 시련에 부딪쳤던 저자의 글을 읽으면서 위로와 용기를 얻을 수 있다. 또한, 자신이 필요로 하는 솔루션이나 노하우를 알게 되어 감사한 마음을 가지게 된다.

초고 쓸 때 기억해야 할 두 가지

2022년 2월, 일본에 사는 40대 중반의 여성이 온라인 줌으로 진행하는 책 쓰기 교육에 참여했다. 그동안 책을 너무나 쓰고 싶었지만, 상황이 여의치 않아 그럴 수 없었다고 했다. 한국으로 와서 교육받고 싶었지만, 직장인 신분에다 코로나19 때문에 그럴 수도 없어 발만 동동 구르고 있었다고 했다. 그러다 이번 기회가 아니면 평생 책을 쓸 수 없겠다는 생각에 용기를 내어 교육 과정에 등록했다고 했다.

그녀 역시 한책협 출신의 여느 수강생들과 마찬가지로 1개월 정도 만에 원고를 완성했다. 그리고 출판 계약을 한 후 《회사에서 인정받는 사람들의 7가지 습관》이라는 책을 펴냈다. 그녀는 나를 만난 지 딱 4개월 만에 작가의 꿈을 이루었다.

그녀가 이렇게 빨리 책을 쓸 수 있었던 것은 25년 동안 글쓰기, 책 쓰기라는 한길만 걸어온 나의 원고 쓰기 노하우를 전수받았기 때문이다. 나는 책 쓰기 교육 시간에 목차를 구성하고 있는 각 꼭지의 첫 문장을 어떻게 써야 하는지 구체적으로 알려준다. 초보 작가들 대부분은 서론 쓰기, 특히 첫 문장을 쓰는 데서 막힌다. 나는 다른 어떤 작가들도 알지 못하는, 누구나 쉽게 첫 문장을 쓸 수 있는 쌈박한 비결을 알고 있다. 여기에다 각 꼭지에 어떤 사례를 넣어야 하는지 구체적으로 알려준다. 그리고 저자의 생각과 깨달음을 사례와 어떻게 접목해야 하는지도 명확하게 설명해준다. 이렇게 제대로 설명해주고, 알려주기 때문에 수강생들 거의 전부가 1, 2개월 만에 원고를 완성해내게 되는 것이다.

초고를 쓸 때는 다음 두 가지를 기억해야 한다. 자기 생각이나 경험을 초등학교 고학년이 읽어도 이해할 수 있을 정도의 어렵지 않은 문장으로 써야 한다는 것과 독자들이 '나도 이 정도의 글은 쓸 수 있겠다'라고 생각하게끔 하는 문장이어야 한다는 것이다. 여기에다 문장이 간결하면서 길지 않아야 한다.

초고는 될 수 있으면 2개월 안에 완성하는 것이 좋다. 늦어도 3개월 안에 마쳐야 한다. 초고 쓰는 기간이 그 이상으로 늘어지면 성취감을 느끼지 못해 좌절하게 된다. 이때 슬럼프가 찾아온다. 나는 수강생들을 1~2개월 안에 원고를 쓸 수 있도록 가르치고 있다. 현재 한책협에서 출간되는 책들은 거의 전부 초고속으로 쓴 책들이다. 빠르게 쓸수록 저자는 힘들이지 않고 즐겁게 쓰게 된다. 억지로 쓰지 않으면서 원고 안에 최대한의 지식과 경험, 정보, 노하우 등을 담으려고 애쓰게 된다. 이런 원고들이 출판사와 독자들로부터 사랑받는다.

당신의 글이 확 달라지는,
아주 쉬운 서론, 본론, 결론 쓰는 비법

"도대체 뭘 쓰지?", 글쓰기가 막막하다면

요즘 책을 쓰려는 사람들이 부쩍 늘었다. 책을 퍼스널 브랜딩 수단으로 생각하는 사람들이 많아졌기 때문이다. 50대 초반인 김세락 작가는 2022년 11월 11일에 5주 책 쓰기 수업 1주 차 강의를 들었다. 그러곤 책 쓰기 수업 종강 후 1개월 반 만에 원고를 완성했다. 그리고 하루 만에 출판사와 출판 계약을 맺는 데 성공했다. 곧 〈매일경제신문사〉에서 책이 출간될 것이다. 나는 우리나라 최초로 책 쓰기, 책 출판에 관한 특허를 취득했다. 25년 노하우를 토대로 코칭하기 때문에 아무리 스펙과 학력이 부족한 사람이 코칭을 받더라도 대부분 1~2개월이면 원고를 완성하게 된다.

그렇게 책을 펴낸 후 코치, 상담가, 강연가, 유튜버, 1인 기업가로 활동하며, 한 달에 1,000만 원에서 수억 원의 수익을 올리는 이들이 적지 않다. 내가 그동안 코칭한 제자들 가운데 퍼스널 브랜딩 후 자신의 지식과 경험, 노하우를 팔아 억대의 연 수입을 올리는 사람들이 헤아릴 수 없이 많다. 하도 많아서 일일이 그들의 이름을 적을 수도 없다. 이 순간에도 한책협에서는 작가, 코치, 강연가, 사업가들이 탄생하고 있다.

나는 글쓰기와 책 쓰기만 코칭하지 않는다. 작가는 경제적 자유인이 되기 위한 시작점이라고 할 수 있다. 나 역시 책을 써서 코치, 상담가, 컨설턴트, 강연가, 사업가가 되었다. 책에는 나의 지식과 경험과 깨달음, 노하우가 녹아 있다. 그런 나의 책을 읽은 사람들이 나를 찾아왔고, 나는 그들을 가르쳤다. 내게서 그런 교육을 받는 사람들은 내가 전달하는 가치에 맞는 비용을 지불했다. 그 과정에서 나는 경제적 자유인이 되었다. 나는 그동안 수많은 사람에게 이런 부자 되기 시스템 활용법을 가르쳐 왔다.

원고를 쓸 때 대부분 서론 쓰기에서 막힌다. 아무리 잘 쓰려고 해도 마음에 들지 않는다. 썼다, 지웠다 하염없이 키보드만 두드리게 된다. 서론에서 막히게 되면 자신감을 잃을 수도 있다. 책을 쓰는 사람이 글쓰기 하듯이 원고를 쓰면 절대 책으로 펴낼 수 없다. 300여 권의 책을 집필하고, 1,100명의 작가의 주제를 직접 기획해주었으며, 때로는 그들 책의 제목과 목차를 직접 만들어주기까지 한 나의 경험상 글쓰기와 책 쓰기는 달라야 한다. 글쓰기는 생각을 많이 해야 하지만, 책 쓰기는 생각보다는 꼭지 제목의 주제에 맞는 문장을 써야 한다. 글쓰기는 다른 사람들의 칭찬을 듣기 위해 쓰는 경향이 짙다면, 책 쓰기는 내가 알고 있는 것들을 다른 사람들에게 전달해주고 싶은 마음으로 쓰는 것이다. 그러므로 글쓰기보다 책 쓰기는 훨씬 쓰는 방식이 간단해야 한다. 초등학교 고학년이 읽었을 때 언뜻 이해가 가는 정도의 글쓰기여야 한다.

서론과 본론은 이렇게 하면 술술 쓰인다

먼저 서론을 쉽게 쓰는 비법이다.

첫째, 꼭지 제목의 콘셉트와 반대되는 의미(뜻)의 문장으로 쓴다.
둘째, 꼭지 제목의 콘셉트에 어울리는 저자의 경험담이나 일화로 시작한다.
셋째, 꼭지 제목의 콘셉트를 생각했을 때 가장 먼저 떠오르는 느낌의 문장으로 쓴다.

서론을 쓸 때 기억해야 할 점은 서론을 결론처럼 쓰면 안 된다는 것이다. 서론을 너무 임팩트 있게 쓰면 결론에서 할 말이 부족해지기 때문이다. 서론보다 더 임팩트 있는 문장을 쓰기 위해 머리를 쥐어뜯는 일이 생길 수도 있기 때문이다. 서론은 그저 가볍게 시작하면 된다. 꼭지 제목을 떠올렸을 때 생각나는 느낌 정도로 써도 괜찮다.

본론도 쉽게 쓰는 비법이 있다. 책들을 읽어보면 하나같이 이런저런 사례들로 가득 차 있다. 이래서 혹자는 책을 사례 엮음집이라고 말하기도 한다. 저자의 생각과 사례가 마치 샌드위치 빵과 그 속에 들어 있는 내용물처럼 먹음직스럽게 담기는 것. 베스트셀러 책들은 대부분 이런 식으로 구성되어 있다.

본론을 쉽게 쓰고자 한다면 다음과 같이 해보자.

첫째, 꼭지마다 들어갈 두세 개의 사례를 찾아놓는다. 저자의 직접 경험 위주로 찾되 타인의 경험도 좋다.

둘째, 백지에다 꼭지에 어떤 사례를 먼저 쓰고, 사례가 끝나면 받침 문장은 어떤 식으로 쓸 것인지 메모한다. 나는 책 쓰기를 코칭할 때 수강생들에게 사례와 사례 사이에 접속 문단, 즉 저자의 생각을 어떤 식으로 풀어갈 것인지도 미리 고민해두라고 말한다. 접속 문단은 사례와 사례 사이에 들어가는 저자의 생각을 뜻한다. 접속 문단이라는 말은 내가 책 쓰기 강의와 내 책에서 언급하기 전까지만 해도 아무도 사용하지 않았다. 내가 최초로 창안한 명칭이다. 그래서 다소 생소할 수 있을 것이다. 하지만 금세 익숙해질 것이다.

이렇게 쓴다면 더 쉽게 본론을 쓸 수 있다. 나는 이런 식으로 원고를 썼다. 내가 가르치는 수강생들 역시 이와 같은 방법으로 원고를 쓴다. 그래서 대부분 1개월 정도 만에 A4 용지 100장 정도 분량의 원고를 써낼 수 있는 것이다.

이번에는 초보 작가라면 누구나 힘들어하는 결론 쓰기 비법이다. 서론과 본론도 힘들게 썼는데 결론은 또 어떻게 써야 하지 하는 생각이 들 것이다. 나는 결론은 '반드시 통과해야 할 동굴'이라고 생각한다. 동굴은 깜깜하다. 한 치 앞도 보이지 않는 데다 박쥐들이 괴성을 내며 날아다닌다. 그래서 많은 이들이 결론이라는 동굴 앞에서 좌절감을 느끼게 된다.

"결론 쓰기가 가장 힘들어요!"
"결론에 어떤 내용을 써야 할지 모르겠어요!"

나 역시 과거에는 결론 쓰기가 여간 힘들지 않았다. 책상에다 머리를 세게 부딪기도 했다. 결론을 잘 쓰고 싶은데 뜻대로 되지 않으니 답답해서 그랬던 것이다. 그만큼 결론을 임팩트 있게 쓰기란 쉽지 않다. 결론 쓰기가 힘들다고 말하는 사람들의 결론을 살펴보면 결론이 마치 서론처럼 쓰여 있다. 무게감이 없고 가볍다는 뜻이다. 그 이유는 나음의 두 가지 때문이다.

첫째, 꼭지 주제를 생각하지 않고 결론을 쓴다.
둘째, 결론 쓰기의 형식을 모른 채 지면 채우기식으로 쓴다.

그렇다면 결론을 쉽게 쓰는 비법은 없을까? 바로 다음의 여섯 가지 원칙을 적용해서 써보자. 독자들에게 자신이 전하고 싶은 뜻을 담은 맛깔스러운 결론을 써낼 수 있을 것이다.

첫째, 꼭지 주제를 정확히 생각해서 쓴다.

둘째, 꼭지 제목만 보고, 꼭 이야기하고 싶은 핵심 내용을 쓴다.

셋째, 서론과 본론 내용을 출력해서 여러 번 읽어본다. 그러고 나서 꼭지 주제에 맞는 핵심 내용을 7~8줄 쓴다.

넷째, 결론을 너무 길게 쓰지 않는다. 분량이 많아질수록 횡설수설, 중언부언하게 된다.

다섯째, 결론은 간결하면서도 담백하게 쓴다.

여섯째, 결론만 봐도 꼭지 내용 전체를 알 수 있게 쓴다.

25년째 매일
글 쓰는 습관을 들인 비법

매일 글 쓰는 습관 기르는 법

나는 그동안 1,100명의 보통 사람들을 작가로 만들었다. 그들 대부분이 작가란 타이틀을 활용해 코치, 강연가, 1인 기업가로 활동하고 있다. 자신의 지식과 경험, 삶의 깨달음을 사람들에게 전해주고 고수익을 창출하고 있다. 직장생활과는 차원이 다른 즐거운 삶을 살고 있는 것이다.

직장이라는 현대판 농장에서 벗어나기 위해서는 만사 제치고 퍼스널 브랜딩부터 해야 한다. 세상에 나를 드러내는 작업이 필요하다. 아무리 뛰어난 능력을 갖추고 있어도 사람들이 모른다면 찾는 사람이 없기 때문이다. 그래서 사람들이 책을 써서 퍼스널 브랜딩 하려고 하는 것이다.

한 수강생이 이렇게 물었다.

"A4 용지로 100장을 써내야 한다고 하니 제가 정말 해낼 수 있을까, 하는 생각이 들어요. 그런데 작가님은 25년 동안 300여 권에 달하는 책을 쓰셨다니 정말 대단하세요. 책을 빨리 쓰는 특별한 비결이라도 있으신지요?"

사실 나라고 해서 뚝딱 책을 써내는, 요술 방망이 같은 비결이 따로 있겠는가. 조바심을 내지 않고 그저 한 번에 한 문장씩 써나갈 뿐이다. 나는 바쁘든, 바쁘지 않든, 기분이 좋든, 나쁘든, 비가 내리든, 눈이 내리든 상관없이 하루에 A4 용지 10~20장 정도를 쓴다. 원고를 쓸 때는 휴대전화를 꺼둔다. 휴대전화를 꺼두지 않으면 이런저런 전화와 문자 메시지, 카카오톡 메시지 때문에 집중할 수가 없다. 오로지 집중하는 데만 관심을 기울인다. 이것이 단 몇 시간 만에 원고 100장 이상을 쓰는 나의 비결 가운데 하나다.

사람들은 내가 하루에 써내는 원고 분량을 알고 나면 혀를 내두른다. 어떤 이는 우리 집을 방문해서 서재를 한 번만이라도 보게 해달라고 사정한다. 내 집필실을 보면 자신의 필력이 저절로 좋아질 거 같다면서. 이처럼 내 주변에는 별의별 사람들이 다 있다.

《태백산맥》을 쓴 조정래 작가는 한 기자로부터 "어떻게 방대한 소설을 하나도 아니고 세 편씩이나 한꺼번에 준비할 수 있습니까?"라는 질문을 받았다. 그는 "여러 가지를 읽고 안으로 삭이면서 생각을 집중하면 됩니다. 저는 세 편을 동시에 구상했기 때문에 등장인물도 겹치지 않도록 신경 써야 했어요. 그러다 보니 《태백산맥》에서 쓰고 싶지만 《아리랑》에 더 낫겠다 싶어 아껴둔 사람도 있는데, 《아리랑》에 판소리 하는 사람으로 나오는 옥비가 그런 경우입니다"라고 답했다.

정말 대단하지 않은가. 그의 한 소설에 나오는 인물만 사백 명이 넘 는다. 그래서 제대로 읽으려면 인물들을 일일이 메모해야 한다. 사실 한 편을 읽어도 때로 인물들이 서로 혼동되곤 하는데, 조정래 작가는 세 편의 장편 소설을 인물들이 겹치지 않게 써낸 것이다. 나는 역시 '대 작가는 다르구나'라고 생각했다. 이어서 그는 예술의 기본은 새로움이 고, 새롭지 않으면 감동을 줄 수 없다며, 대하소설은 글 쓰는 이가 육 체적으로 힘들어져 지루해지기 쉽다고 말했다. 조정래 작가는 이 문제 를 극복하기 위해 허투루 쓰는 시간을 최대한 단축시켰다고 한다. 하 루 8시간 노동이 아니라 그 2배인 13~16시간을 일하고, 모자라는 잠 은 토막잠으로 해결하며, 20년 동안 오직 먹고 자고 쓰는 일만 되풀이 했다고 인터뷰를 통해 밝혔다.

그 역시 오로지 먹고 자고 글만 쓰는 생활을 반복하는 데 따른 고통 이 큰 만큼, 때로 일상에서 벗어나고 싶은 유혹에 시달렸을 것이다.

"유혹은 수도 없이 찾아옵니다. 글이 막혀 나아가지 않을 때 보통은 술 또는 여행을 떠올립니다. 그런데 저는 이런 유혹에 한번 응하다 보면 끝없이 물러서게 될 거라 생각했습니다. 그러면 자기 통제가 안 되고 소설에 긴장감이 떨어지거든요. 한번 생각해보세요. 하루에 원고지 30매씩을 써서 10권짜리 소설을 4, 5년 걸려 완성한다는 계획을 세워 놓았어요. 그런데 한 번 술을 먹으면 사흘은 글을 못 씁니다. 술 한 번에 원고지 90매가 날아가는 거죠. 그걸 열 번 반복하면 900매가 날아가는 겁니다. 술 먹는다고 안 써지는 글이 써질까요? 그게 아니거든요. 저는 글이 안 써질수록 더 책상 앞으로 다가갔습니다. 그렇게 계속 견디다 보면 언젠가는 생각이 떠오릅니다. 고통이 환희로 바뀌는 순간이지요."

조정래 작가처럼 하루에 원고를 얼마나 쓸 것인지 정해야 한다. 그리고 하루 목표량은 어떤 일이 있어도 써야 한다. 직장인이라면 출근 전, 퇴근 후 시간을 활용해야 한다. 하루 목표치를 달성하지 못하면 죽는다는 각오로 써야 한다. 그런 절박한 마음가짐으로 한 번에 한 문장씩 써나가면 된다. 직장에 다니는 지금 미래를 준비하지 않으면 가까운 미래에 불행이 닥칠지 모른다.

기준을 낮추더라도 무조건 써라!

과거의 나는 목숨 걸고 책을 썼다. 나같이 내세울 것 하나 없는 사람이 사람들에게 인정받고 성공할 수 있는 길은 퍼스널 브랜딩뿐이었다. 무스펙, 빈털터리인 사람이 돈 한 푼 안 들이고 할 수 있는 일은 책쓰기뿐이었다. 나는 원고를 쓰면서 시각화를 습관화했다. 이미 책이 예쁘게 완성되어 서점에 진열되어 있는 상상을 생생하게 했다. 많은 사람이 내 책을 읽고 감동받아 내게 상담과 컨설팅, 강연을 요청해오는 상상을 하다 보면 정말 저절로 글이 쓰였다. 온종일 글을 쓰고 있어도 피곤하지 않았다.

한 권, 한 권 책을 펴낼 때마다 기적 같은 일들이 일어나기 시작했다. 사람들은 나를 아주 특별한 사람으로 받아들이면서 칭찬하고 인정해주었다. 그들이 인정해줄 때마다 축 처졌던 내 어깨는 조금씩 올라갔고, 바닥이었던 자존감도 높아졌다. 책을 읽은 사람들로부터 상담 요청, 강연 요청 등이 물밀듯이 밀려왔다. 혹시 글을 쓰다 자신감을 잃거나 슬럼프가 찾아올 때 내가 운영하는 유튜브 채널 〈라엘 - 영성 마음 성장〉, 〈미라클사이언스〉를 구독해서 영상들을 시청해보길 바란다. 이곳에 업로드된 영상들은 잠재의식을 변화시키는 법, 끌어당김의 법칙, 마음 공부, 영성 공부에 관한 것들이기 때문에 많은 용기를 얻을 수 있을 것이다.

지금의 내 인생은 책을 쓰는 과정에서 만들어졌다. 그래서 나는 크게 도움이 안 되는 이런저런 자기계발에 시간과 돈을 낭비하지 말고 만사 제치고 책부터 써서 퍼스널 브랜딩 하라고 말한다. 내가 가장 안타깝게 생각하는 부류가 있다. 속독법을 배워 더 많은 책을 읽으려는 사람, 앞으로 도움이 될지도 모른다는 생각에 대학원에 진학하는 사람, 자신이 무엇을 하고 싶은지도 모른 채 이런저런 온라인 플랫폼 강의를 듣는 사람이다. 이런 사람들은 안 그래도 짧은 인생을 쓸데없는 일을 하면서 더 짧게 만들고 있다.

내 원고의 출판 계약 확률
높이는 퇴고법

평범한 사람도 베스트셀러 작가가 될 수 있다

모든 작가의 꿈은 자신이 쓴 책이 수십만 부 이상 판매되는 베스트셀러가 되는 것이다. 자신의 책이 베스트셀러가 되면 금세 유명해지고 직장인들은 평생 만져보지 못하는 인세를 받게 된다. 그동안 생각해보지 못했던 기적 같은 기회들이 찾아온다.

내가 수강생들에게 왜 베스트셀러 작가가 되고 싶은지 물어봤다. 대부분 다음과 같은 이유를 꼽았다.

첫째, 빠르게 유명해지고 싶다.

둘째, 인세 수입으로 부자가 되고 싶다.

셋째, 상담, 코칭, 강연 등으로 다양한 수입 파이프라인을 만들고 싶다.

넷째, 경제적 자유인이 되어 지금 다니는 직장을 그만두고 싶다.

다섯째, 내가 좋아하는 일을 하면서 세상에 선한 영향력을 펼치고 싶다.

여섯째, 부모에게 효도하고 싶다. 돈 걱정 없이 해외여행을 보내드리고 자동차, 집을 사드리고 싶다.

일곱째, 그동안 내게 상처를 준 사람들에게 성공한 모습을 보여주고 싶다.

여덟째, 부모, 가족, 친지와 많은 사람에게 인정받고 싶다.

누구에게나 이런 소망이 있다. 이 외에도 자신이 가지고 있는 지식과 경험, 노하우를 사람들에게 알려주고 싶다거나 재능기부를 통해 사람들에게 도움을 주고 싶다는 바람을 갖기도 한다. 그런데 베스트셀러 작가를 꿈꾸면서도 자신이 공들여서 쓴 초고를 목숨 걸고 다듬지 않는다. 그저 한두 번 읽어보면서 오타 정도를 검사한 후 출판사에 투고한다. 그래 놓곤 출판사로부터 거절당하면 '역시 작가의 문턱은 높다'라며 좌절하고 만다.

오래전 신문 기사를 통해 일본의 한 노인이 일본 최고의 신인 문학상인 '아쿠타가와상' 수상자로 선정되었다는 소식을 접했다. 주인공은 75세 '문학소녀'인 구로다 나스코(くろだ なすこ) 씨다. 그녀는 20세의 최연소 경쟁자 등 다른 후보 4명을 물리치고 수상의 영예를 안았다.

구로다 씨는 아쿠타가와상 수상자 중 최고령으로 꼽힌다. 종전 최

고령은 1974년 수상자로 당시 61세인 모리 아츠시(もりあつし) 씨였다. 아쿠타가와상은 그때껏 20~30대 젊은 층이 주로 차지해왔다. 그 때문에 그녀의 수상은 노인들을 비롯해 중장년층과 젊은이들에게 조급해하지 않아도 된다는 희망을 주었다.

모든 초고는 쓰레기다

구로다 씨는 와세다대 교육학부를 졸업한 후 중학교 교사, 사무원 등으로 일하면서 틈틈이 글을 썼다. 본격적으로 책 쓰기에 도전한 것은 은퇴 이후였다. 이번 수상 작품 《ab산고》는 구상과 집필에만 무려 10년이 걸렸으며 수백 번 고치고 다듬었다고 한다. 그녀는 한 인터뷰에서 이렇게 말했다.

"젊은이들에게 미안한 생각도 들지만, 오랜 창작활동을 하면서도 주목받지 못했던 작품과 작가가 평가를 받은 것은 나름대로 역할을 한 것이다."

나는 구로다 씨의 작품이 '아쿠타가와상'을 수상하게 된 이유는 초고를 거듭 고쳤기 때문이라고 생각한다. 그저 한두 번 읽어보면서 가볍게 수정하는 정도에 그쳤다면 그런 감격스러운 날은 오지 않았을 것이다.

한 숟가락의 꿀을 얻기 위해서는 벌이 무려 4,200번가량 꽃 사이를 왕복해야 한다. 당신의 책 쓰기 역시 벌이 꿀을 채취하는 작업과 별반 다를 바 없다. 내 마음에 쏙 들 때까지 거듭 초고를 고치고 또 고쳐나 가야 한다.

세계적인 베스트셀러 작가 베르나르 베르베르(Bernard Werber) 역시 첫 작품 《개미》를 완성하는 데 12년이 걸렸다. 그 기간에 100번 넘게 원고를 수정한 것으로 알려져 있다. 이처럼 베스트셀러 책들의 이면에 는 우리가 모르는 눈물겨운 시간과 노력이 숨어 있다.

나에겐 초고를 쓰는 시간이 한 달이면 충분하다. 그렇다고 해서 바로 출판사에 원고를 보내지 않는다. 완성 후 일주일쯤 지나서 다시 찬 찬히 읽어본다. 꼭지 주제와 동떨어진 사례는 적절한 사례로 교체한 다. 그리고 프린트로 출력한 원고를 소리 내어 읽어보면서 문맥을 살 펴본다. 오탈자와 맞춤법 등도 최선을 다해 체크한다. 이런 과정을 거 친 후 내 마음에 흡족하다는 생각이 들 때 출판사에 원고를 보낸다.

초고를 다 썼다면 곧장 출판사에 투고하지 말고 시간을 두고 다시 수정하는 과정을 거쳐 보자. 수정을 거듭할수록 엉성한 초고가 출판 사 에디터들의 러브콜을 받는 질 높은 원고로 바뀌기 시작한다. 책이 출간되기 전에 원고를 수정할 수 있다는 것은 축복이다. 책이 출간되 고 나면 문맥이 맞지 않거나 맞춤법, 오탈자가 있어도 고칠 수 없기 때 문이다.

3부

책을 출간하고 싶을 때
꼭 알아야 세 가지 상식

출판 계약하기

"큰 출판사가 좋을까?"
나에게 맞는 출판사 고르는 법

책을 출간하고 싶을 때 꼭 알아야 할 상식

"어떤 출판사에다 원고를 투고해야 할지 모르겠어요."
"출판사에다 원고를 보냈는데 아무런 회신이 없어요."
"출판사에서 제가 보낸 성격의 원고는 출간하지 않는다고 해요."

많은 이들이 완성된 원고가 어떤 과정을 거쳐서 책으로 출간되는지 정확하게 알지 못한다. 공들여 쓴 원고를 좋은 출판사와 좋은 조건으로 계약하지 못하면 낭패가 아닐 수 없다. 나에게 책 쓰기 코칭을 받는 사람들은 거의 전부 1~2개월 안에 원고를 완성한다. 그리고 출판사와 계약해 2~3개월 정도 만에 책이 출간된다. 주제가 명확하고 제목과 목차, 원고의 질이 높다면 투고 후 빠르면 단 몇 분 만에 계약이 이루어질 수도 있다.

초보 작가들이 출판사에 원고를 투고하면 여러 번 거절당하는 경험을 하게 된다. 그래도 포기하지 않고 계속 원고를 수정해 투고하는 끈기를 가져야 한다. 그러면 결국 자신의 원고를 알아주는 출판사와 인연이 되어 출판 계약에 이르게 된다.

20대 중반 시절, 나는 출판사로부터 500번 이상 퇴짜를 맞았다. 그동안 내 책을 출간해온 수십 군데의 출판사들로부터 거절을 당한 것이다. 그렇지만 나는 작가의 꿈을 포기하지 않았다. 지금은 많은 출판사가 내 책의 출간을 원한다. 내가 코칭하는 수강생들의 원고와 인연이 되기를 갈망한다.

대형 출판사와 중소형 출판사의 장단점에 대해 잘 모르는 사람들이 생각보다 많다. 사실 많은 작가가 대형 출판사에서 책을 출간하고 싶어 한다. 대형 출판사는 일단 규모가 크고 이름 가치가 높아 책을 즐겨 읽는 웬만한 독자들은 거의 알고 있기 때문이다. 이런 출판사에서 책을 출간하고 싶은 것은 당연지사라 하겠다.

하지만 대형 출판사에서 책을 낸다고 무조건 베스트셀러가 되리라는 보장은 없다. 내 주위의 많은 작가가 대형 출판사에서 책을 냈다가 초판 1쇄 부수도 못 팔거나 간신히 2쇄를 찍은 경우가 허다하다. 그 이유는 무엇일까? 대형 출판사들은 주로 유명 저자들의 책 위주로 공격적인 홍보와 마케팅을 진행한다. 교보문고, 예스24, 알라딘 서점 등의 일주일 온라인 배너 광고만 해도 그 비용이 적게는 수백만 원에서 수천만 원에 육박한다. 그러니 무명 저자의 책은 판매 수익보다 광고료 지출이 더 많이 생기는 리스크를 안길 수 있다. 대형 출판사는 무명 저자들 책의 경우 출간 후 '잘되면 좋고, 안 팔리면 어쩔 수 없지'라는 생각으로 출판하는 경우가 많다.

책 출판 방법, 이대로만 따라 해라!

그동안 개인적으로 수백 권의 책을 출간하고, 1,100명에 이르는 수강생들의 책 출간을 코칭하면서 대형 출판사만이 정답이 아니라는 것을 깨닫게 되었다. 오히려 중소형 출판사에서 나온 책들이 베스트셀러가 되는 경우가 많았고, 빠른 퍼스널 브랜딩으로 이어졌다. 나를 비롯한 수강생들이 작가, 상담가, 코치, 컨설턴트, 강연가, 유튜버, 1인 창업가로 자리 잡는 데 큰 힘이 되어주었다. 대형 출판사들이 한 해에 출간하는 책의 권수는 수백 권에 달한다. 이에 비해 중소형 출판사들은 수십 권 정도에 그친다. 그래서 한 권, 한 권 출간되면 정성을 다해 홍보하고 마케팅하게 된다. 그러니 대형 출판사에서 책이 출간되었을 때보다 퍼스널 브랜딩에 많은 강점을 지니게 된다.

만약 과거에 내가 대형 출판사만 쫓아다녔다면 어떻게 되었을까? 생각만 해도 아찔하다. 많은 거절을 당했을 것이고, 지금처럼 수백 권의 책을 쓰지도 못했을 것이다. 결국, 지금보다 못한 삶을 살고 있지 않을까 생각한다.

그런데 왜 많은 작가가 대형 출판사에서의 책 출간을 갈망하는 것일까? 작가의 자존심 때문이다. 대형 출판사에서 책을 출간해야 인정받는 것이라는 편견을 갖고 있기 때문이다. 어떤 출판사에서 책을 출간하느냐가 자신의 책의 수준은 물론, 미래까지 결정한다고 믿기 때문이다.

대형 출판사만 고집할 경우 일어나는 일어날 수 있는 일 몇 가지만 있는 그대로 알려주겠다. 먼저 원고 투고에서 편집, 출간까지의 시간이 꽤 오래 걸린다. 초보 작가가 대형 출판사와 계약하게 되면 하늘을 날아갈 듯한 행복감을 느낀다. 하지만 책 출간까지 많은 시간이 걸리는 것이다. 그사이 계약했던 원고의 콘셉트가 바뀌기도 하고, 그것에 맞게 다시 목차를 짜고 원고를 써야 하는 경우도 생긴다. 고생고생해서 쓴 원고를 검토한 출판사가 거듭 수정을 요청해 오는 것이다. 것이다. 이 과정에서 담당 편집자가 교체라도 되면 또다시 원점으로 돌아가 새로 시작해야 한다. 일 년이 넘도록 책이 나오지 않다가 결국 출판 계약이 파기되는 사례들도 있다.

책 출간이 지연될수록 트렌드가 바뀌어 출간 자체가 무산될 확률도 높다. 출판사와 계약한 후 예상 날짜에 책이 출간되지 않고 출판 계약 파기까지 당한다면 그 심적인 고통은 이루 헤아릴 수 없다. 그래서 나는 수강생들에게 출판사에 원고를 투고한 후 출판 계약을 하자는 연락이 오면 큰 리스크가 없는 한 가장 빨리 출간해주는 출판사와 계약하라고 조언한다.

단번에 "오케이!"가 나는
출판사와 계약하는 법

출판사에 원고 투고하는 네 가지 원칙

원고를 완성하고 좋은 출판사를 만나 좋은 조건으로 출판 계약을 하는 게 어쩌면 가장 중요하다. 사기성이 농후하거나 홍보와 마케팅을 전혀 신경 쓰지 않는 출판사와 계약하면, 퍼스널 브랜딩은커녕 마음에 상처만 크게 입게 된다. 그래서 한책협에서는 주제 기획과 제목 만드는 법, 원고 쓰는 법과 더불어 좋은 출판사와 좋은 조건으로 출판 계약을 하는 방법을 자세히 알려주고 있다.

초보 작가 중 많은 시간과 노력을 들여 원고를 완성해 놓고 정말 왜 그런 출판사와 계약했을까 하는 생각이 드는 곳과 인연을 맺는 사람들이 수두룩하다. 표지 디자인과 본문 편집 디자인이 엉망인 것은 물론, 홍보와 마케팅에 무관심한 출판사는 무조건 피해야 한다. 이런 곳

일수록 상냥하고 친절하다. 양의 탈을 쓴 이리와 같다. 다시 강조하지만, 원고를 쓰는 것도 중요하지만, 더 중요한 것은 출판 계약을 잘하는 일이다. 출판 계약을 잘못해 인세를 한 푼도 받지 못하는 이들도 있고, 출판사와 소송에 걸리는 이들도 있기 때문이다.

출판사에 원고를 투고할 때 다음 여섯 가지를 반드시 기억하자.

첫째, 메일 본문에 투고 인사말을 쓰고 나서 원고 전문을 첨부한다.

둘째, 한책협에서 코칭받지 않은 초보 작가라면 투고 후 계약하자는 회신을 보내오는 몇몇 출판사가 있더라도 바로 계약해서는 안 된다. 며칠 더 기다려보면서 원하는 조건의 출판사가 나타날 때 출판 계약을 하도록 한다.

셋째, 원고 투고 후 일주일 정도 기다려보고 거절 회신이 오거나 회신이 아예 없다면, 다른 출판사들의 이메일을 수집해 원고를 투고한다.

넷째, 수백 군데의 출판사에다 원고를 보냈는데도 출판 계약이 이루어지지 않았다면 제목과 목차, 원고를 수정한 후 재투고한다.

다섯째, 원고 투고 후 때로 출판사들로부터 원고에 대해 부정적인 말이나 상처가 되는 말을 듣는 일도 있다. 이때는 그냥 무시하면 된다. 내 경험상 인성이 결여된 에디터들이 생각보다 많기 때문이다.

여섯째, 쉽고 빠르게 좋은 출판사를 만나 좋은 조건으로 출판 계약을 맺는 방법은 비용이 들더라도 최고의 전문가에게 코칭받아 원고를 쓰는 것이다. 내 경험상 이것이 가장 안전하고 확실한 방법이라고 생각한다.

그동안 나는 1,500여 권의 책을 기획하고, 300여 권의 책을 출간하면서 남들은 상상도 할 수 없는 좌절을 경험했다. 어떤 편집자는 나의 이메일 주소를 스팸 처리하기도 했다. 내가 어떻게 알았느냐고? 계속 '읽지 않음'으로 되어 있어서 직접 전화해 알게 되었다. "선생님, 제발 원고 그만 보내주세요! 자꾸 원고 보내셔서 제가 일을 못 하겠어요!"라는 모욕적인 말마저 들어야 했다. 그때 나는 마음속으로 '그래, 어디 두고 보자! 내가 보란 듯이 성공할 테니까!'라고 결심했다. 그러고 나서 정말 믿을 수 없는 일이 일어났다. 나의 이메일 주소를 스팸 처리한 그 출판사 대표로부터 이런 전화를 받은 것이다.

"김태광 선생님, 저희 출판사에도 원고를 보내주세요. 다른 곳에만 주시지 말고요."

과거의 나처럼 힘든 과정을 겪지 않으려면 내가 조언하는 대로 하길 바란다. 좋은 출판사와 빠르게 출판 계약을 따내는 비결이기 때문이다.

출판사로부터 거절당했다고 해서 좌절하지 마라!

전 세계 80여 개국에 1만 3,000여 개의 매장을 소유하고 있는 프랜차이즈 왕국 KFC를 세운 창업주 커넬 샌더스(Harland David Sanders). 그는 65세 때 겨우 105달러밖에 가지고 있지 않았다. 대신 그의 가슴속에는 세상에서 가장 맛있는 닭 요리를 만들겠다는 꿈과 자신감이 가득 차 있었다. 하지만 그의 기막힌 요리비결을 인정해주는 사람은 아무도 없었다.

그러나 그는 절대 포기하지 않았다. 3년 동안 낡은 포드 자동차에서 새우잠을 자고 공중화장실에서 씻으면서 미국 전역을 돌아다녔다. 그러기를 꼬박 3년, 68세 때 마침내 그의 요리비결로 창업하겠다는 사람을 만났다. 1,009번의 실패 뒤 1,010번째만의 성공이었다. 오늘날 KFC 왕국의 역사는 그렇게 시작되었다.

여러분도 내 이름으로 된 책을 세상에 내놓겠다는 단단한 목표를 정해보라. 목표가 확고하다면 몇 군데 출판사로부터 거절당했다고 해서 좌절하지 않는다. 좌절한다는 것은 처음부터 본인이 작가가 될 자격이 없었다는 뜻과 같다. 책의 출간 여부를 떠나 평생 책 한 번 써보지 않은 사람이 A4 용지 100장 분량의 원고를 썼다는 것만으로도 대단한 것이다. 아니, 기적과 같은 일이라고 생각한다.

과거의 나는 내가 쓴 원고가 책으로 출간되지 않는다는 부정적인 생각을 해본 적이 없다. 오히려 그 반대다. 내가 쓴 원고를 받아주지 않는 출판사들은 나의 가치를 모르는 출판사들이라고 생각했다. 이렇게 생각하며 포기하지 않고 원고를 쓰자 원고를 투고하면 그날로 출판 계약이 이루어지는 경우가 대부분이었다. 샌더스처럼 집요하게 목표를 물고 늘어져야 한다. 그래야 자신이 쓴 원고를 책으로 출간해줄 출판사를 운명처럼 만날 수 있다.

접근하는 방법만 바꿔도
출판 계약과 내 책 홍보가 훨씬 쉬워진다

이 방법만 따라 하면 당신의 글이 책이 된다

출판사에다 원고를 투고하면 전화나 메일로 이런 회신이 온다.

"선생님, 보내주신 원고를 잘 읽었습니다. 저희 출판사 출간 방향과
잘 맞아서 함께 작업했으면 합니다."

"선생님, ○○○출판사입니다. 보내주신 원고 저희가 출간하면 잘
팔 수 있겠다는 확신이 듭니다. 저희와 계약하세요."

요즘과 같이 출판 시장이 어려운 시기에 출판사에서 내 책을 내준
다는 것만으로도 행복한 일이다. 출판사에서 책 한 권을 제작하고 홍
보와 마케팅을 하려면 수천만 원이 든다. 원고만 잘 쓰면 출판사에서

알아서 책을 출간해주고, 인세까지 지급하고 덤으로 퍼스널 브랜딩까지 해주니 얼마나 감사한 일인가. 책을 써서 인생을 바꾼 나는 책을 쓰지 않는 사람들을 보면 정말 이해가 되지 않는다. 그들 중 대다수가 책 쓰는 일만 빼놓고 여러 가지 방법으로 자기계발을 한다. 책 쓰기가 자기계발의 끝이라는 것을 모르기 때문이다.

출판사와 출판 계약을 했다면 저자로서 집중해서 홍보에 힘써야 한다. 책이 얼마나 팔릴까, 얼마나 많은 인세가 들어올까, 이런 생각은 하지 말아야 한다. 출판사와 함께 책을 홍보하고 마케팅하는 데 집중해야 한다. 이제는 출판사 홀로 홍보하고 마케팅하는 시대는 지났다. 출판사가 저자와 함께 홍보하고 마케팅할 때 시너지 효과가 크게 난다. 간혹 책이 몇만 부 팔리면 인세가 얼마나 들어오겠구나, 이런 생각을 하는 사람이 있다. 요즘과 같은 출판 시장에서는 초판 1쇄도 다 팔기 힘들다. 따라서 그런 생각을 한다면 저자와 출판사와의 관계가 불편해지게 된다. 이 시대에 책을 쓰는 목적은 세상에 자신을 알리는 퍼스널 브랜딩을 하기 위함이다. 브랜딩이 되지 않은 채 시도하는 모든 일은 실패하기 십상이다.

내가 아는 한 작가는 첫 책을 출간한 후 이틀이 멀다 하고 출판사에 판매 부수를 물어봤다고 한다. 처음에 출판사는 처음이니까 궁금해서 그러겠지, 이해한다. 그러나 이런 일이 계속 반복되면 자신들을 의심하는 것이냐는 소리마저 들을 수 있다. 저자와 출판사가 서로 불편한 관계가 되고 마는 것이다. 결국, 둘 다 손해를 보게 된다.

요즘 대부분의 출판사는 초판 1쇄에 1,000부를 찍는다. 출판계가

워낙 불황인 탓에 리스크를 줄이기 위해서다. 저자와 출판사는 출판 계약이 진행되는 과정에 인세와 계약금(선인세), 출간 시기, 홍보 방법 등을 협의하게 된다. 서로 구두로 조율이 되면 '출판표준계약서'에다 사인이나 도장을 찍는다. 이때 출판사에서 저자에게 지급하는 계약금은 보통 50~100만 원 선이다. 요즘은 많은 출판사가 계약금 대신 저서를 지급하기도 한다. 출판사는 금전적인 부분에서 리스크를 줄일 수 있고, 작가는 할인된 금액으로 대량의 책을 확보할 수 있기 때문이다. 작가는 다양한 홍보 이벤트에 이 책을 활용할 수 있다.

초보 작가의 경우 인세는 얼마나 받을까? 보통 7~8% 선에서 형성된다. 인세를 10%로 설정하고 책의 정가가 1만 5,000원이라고 했을 때 초판으로 1,000부를 발행한다고 가정해보자. 그러면 다음과 같이 인세를 계산해볼 수 있다.

- 한 권당 인세 : 1,500원
- 발행 부수 : 1,000부
- 1,500원×1,000부 = 150만 원

초판의 총발생 인세 150만 원 가운데 계약금을 뺀 금액이 보통 출간 후 한 달 이내에 계약서에 게재된 통장에 입금된다. 물론 세금(평균 원천징수 3.3%)을 공제한 금액이다. 그 후 재판을 찍는 등 책이 팔릴 때마다 러닝개런티 형식으로 인세가 작가에게 지급된다. 예를 들어 정가 1만

5,000원에 만 부가 팔렸다고 가정하면 1,500만 원에서 세금을 공제한 인세를 받게 된다.

내 책 10만 부 팔 수 있는 홍보, 마케팅 방법

모든 저자는 자신의 책에 큰 기대를 건다. 그래서 하나같이 책이 출간된 후 자신의 기대만큼 판매가 되지 않으면 그 이유를 '출판사의 홍보와 마케팅'에서 찾는다. 이런 생각은 위험하다. 왜냐하면, 저자는 원고만 썼지만, 출판사들은 많은 비용을 들여서 책을 제작하고 홍보, 마케팅하기 때문이다. 그런데 출판사를 탓하고 나서는 것이다. 책을 많이 판매하고 싶다면 출판사에만 의존하지 말고 직접 블로그, 인스타그램, 유튜브 등을 통해 직접 책을 홍보해야 한다. 사람들은 출판사보다 저자가 직접 자신의 책을 소개하고 홍보하는 것을 더욱 신뢰하기 때문이다.

책을 홍보하는 가장 좋은 방법은 온라인 카페와 블로그, 인스타그램, 유튜브, 다양한 모임 등을 활용하는 것이다. 저자가 직접 온라인 카페를 운영하면서 자체 교육과정을 진행해 책을 판매하는 것도 좋은 방법이다. 이제는 책 판매를 출판사에만 맡기는 저자는 살아남을 수 없다. 출판사들이 가장 싫어하는 유형의 저자가 책만 쓸 줄 알았지, 자기 홍보 실력도 부족한 데다 강연도 잘하지 못하는 저자다.

저자 중에 지나친 겸손함으로 인해 TV, 라디오 출연이나 독자와의 만남, 강연 요청 등을 꺼리는 사람들도 있다. 그들은 아직 자신이 그런 곳에 나갈 위치가 아니라거나 자신의 내성적인 성격, 직업상의 문제를 들먹이며 책을 홍보할 수 있는 황금 같은 기회를 포기한다. 이런 사람들은 베스트셀러 작가의 꿈도 포기해야 한다. 또한, 상담과 코칭, 강연, 컨설팅으로 올릴 수 있는 막대한 수익까지 포기해야 한다. 지금 이시대에 아직도 책의 홍보와 마케팅은 출판사에서 알아서 하는 거라고 생각하는 저자들이 있을까? 만약 이처럼 꽉 막힌 생각을 하는 저자라면 책을 낼 생각을 하지 않는 것이 좋다. 평생 남의 책만 읽으며 살다가 가기를 바란다.

제목과 목차가 책 쓰기의 전부다

책을 쓸 때 가장 먼저 해야 할 게 간결하면서 섹시한 제목을 만드는 것이다. 누가 보더라도 한눈에 꽂히는 제목이 좋은 제목이다. 물론 제목을 보면 어떤 내용을 말하는지 즉각 알 수 있어야 한다.

출판사의 마음에 드는 제목을 만들기란 정말 어렵다. 예비 저자의 입장에서 생각해보면 절대 불가능하다. 그래서 나는 수강생들에게 쉽고 간단하게 제목 만드는 노하우를 알려준다. 그리고 직접 제목을 만들어보라는 과제를 내준다. 수강생들이 제출한 과제를 일일이 첨삭해 더 나은 제목으로 만들어준다. 과제에서 아예 쓸 만한 제목을 찾지 못하면 내가 직접 제목을 창작해주기도 한다. 그동안 내가 직접 지어준 제목을 출판사에서 그대로 사용한 책들이 90%가량 된다.

목차는 책 쓰기에 있어 전부라고 할 수 있다. 건물이나 빌딩을 짓기 전에 그리는 설계도와 같기 때문이다. 처음 책을 쓰는 초보 저자 중에 목차를 잘 만들지 못해 대충 만든 목차로 원고를 쓰는 사람들이 많다. 책을 쓰고자 하는 이들의 실행력에는 박수를 쳐주고 싶지만, 결과는 장담하지 못한다. 투고했을 때 대부분의 출판사가 거절 의사를 보내올 것이다. 목차가 엉성하다는 것은 그 목차 방향대로 쓴 원고마저 엉성하다는 의미이기 때문이다.

출판사 에디터들은 투고된 원고의 주제와 목차만 보고도 원고의 질을 안다. 그래서 어떤 작가의 원고는 투고하자마자 몇 분도 채 지나지 않아 여러 출판사에서 계약하고 싶다는 연락이 온다. 또 다른 작가의 원고는 투고 후 형식적인 답신만 보내올 뿐 며칠이 지나도 계약하고 싶다는 연락을 해오지 않는다.

내가 책 쓰기 수업에서 가장 심혈을 기울이는 부분이 '목차 만들기'다. 평생 책 한 번 써보지 않은 수강생들에게 목차 만드는 법을 알려주고 나서 집에 가서 직접 목차를 만들어보라고 해보면, 대부분 읽고 싶지 않은 수준의 목차를 만들어 온다. 그것들을 보며 나는 '어떻게 저런 말도 안 되는 목차를 만들 수 있을까? 아니, 저런 내용을 목차에 넣는 용기는 어디서 나오는 거지?'라는 의구심을 품게 된다.

나는 수강생들에게 목차 만들기 과제를 내준 후 일일이 과제를 체크하면서 목차를 첨삭해준다. 너무 실력이 없는 사람들에게는 직접 일부 목차를 만들어주기까지 한다. 한책협에서는 이런 과정을 통해 출판사에서 원하는 목차를 탄생시키는 것이다.

목차가 완성된 후 늦어도 2개월 안에는 원고 쓰기를 마쳐야 한다. 2개월이 넘어가면 처음 가졌던 책 쓰기에 대한 열정이 식기 시작한다. 책을 써야 하는 절박한 이유보다 당장 책을 쓰지 않아도 되는 이유를 찾게 된다. 음식을 조리할 때, 센 불에 빠르게 조리해야 한다. 그래야 영양소가 파괴되지 않으면서 식감이 좋기 때문이다. 그렇듯이 열정이 있을 때 원고 쓰기에 박차를 가해 빨리 완성해야 한다. 완성된 원고는 퇴고를 거쳐 여러 군데의 출판사에 투고한 후 출판 계약을 진행하면 된다.

4장

자동으로 돈 버는
퍼스널 브랜딩을
시작하려는 당신에게

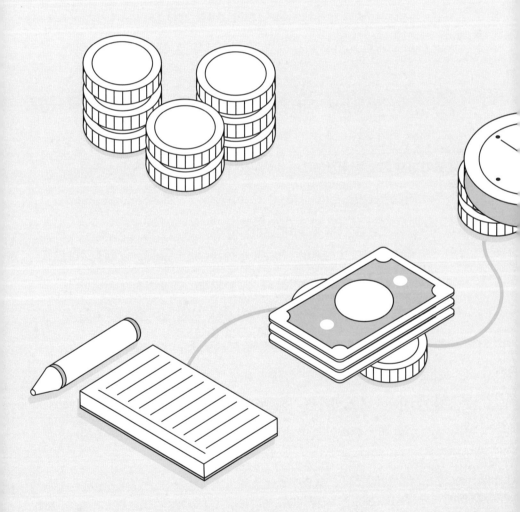

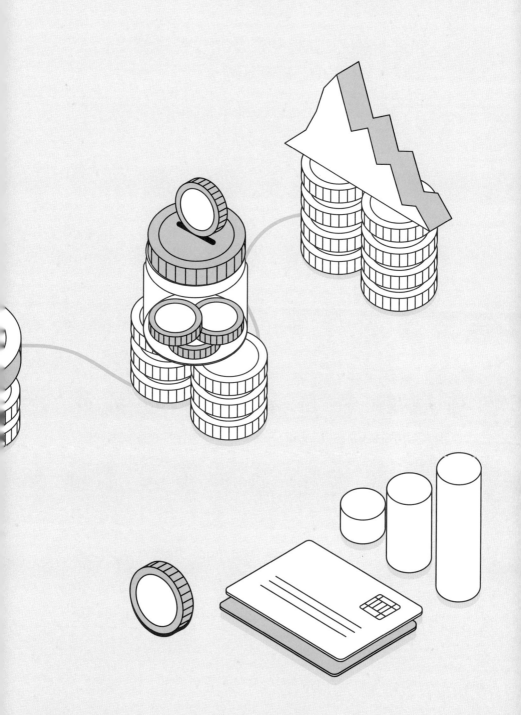

자존심은 강한데 자존감이 낮은 사람은
이렇게 해보세요

바닥난 자존감 쉽게 높이는 방법

"책을 쓰기 시작한 후로 제 표정이 밝아지기 시작했다는 말을 많이 들어요. 친구들과 동료들은 무슨 좋은 일이 있느냐고 묻는데, 그냥 웃고 맙니다. 내가 곧 작가가 된다는 사실에 너무나 기쁘고 행복해서 미칠 지경이에요. 대학원에서 박사 과정까지 마쳤는데 책을 쓰는 것만큼 행복하지 않았거든요. 정말 내 이름으로 된 책을 쓰는 일은 삶을 바꾸는 자기 혁명이라는 확신이 듭니다."

내게 책 쓰기 코칭을 받은 한 수강생의 말이다. 워킹맘인 그녀는 책을 쓰기 전까지는 하루하루가 다람쥐 쳇바퀴 도는 듯한 삶이었다고 말했다. 원치 않는 학과를 나와서 원치 않는 분야의 직장에서 10여 년간 일해오면서 삶에 대한 열정이 식은 지 오래였다. 그런데 자신의 이름으로 된 책을 쓰면서 꺼졌던 열정의 불씨가 되살아나기 시작한 것이다.

나는 많은 이들에게서 "책을 쓰기 시작한 후로 자존감이 높아졌다"라는 말을 듣는다. 그전까지는 부정적인 데다 매사에 자신감이 없던 사람들도 책을 쓰고 나서는 긍정적이고 자신감이 넘치는 적극적인 사람으로 바뀌는 경우가 많다. 가족과 동료들로부터 제대로 인정받지 못하고 살았지만, 책을 출간하곤 인정은 물론 존경까지 받는 이들도 있다.

"카카오톡 프로필 사진에 이번에 출간된 저의 첫 책 표지 이미지를 띄우자 여기저기에서 문자가 오고 전화가 걸려왔습니다. 다들 신기해하며 '책 쓰느라 수고했다'라고 말하는데, 저도 모르게 눈물이 날 뻔했어요. 사실 그동안 이처럼 진심 어린 축하의 말을 들어본 적이 없었거든요. 지인들은 책을 적게는 3~4권에서 많게는 20권까지 구입했다며 '사인해 달라'고 난리예요. 만약 제가 책을 쓰지 않았다면 이런 행복한 경험을 할 수 있을까요?"

"책 출간 후 제게 일어난 가장 큰 변화를 말한다면, 제가 저 자신을 아주 특별하고 가치 있는 사람이라고 인식하게 되었다는 겁니다. 특히 가족들에게 작가 엄마, 작가 아내, 작가 딸, 작가 며느리가 된 후로 하루하루가 너무나 행복합니다. 아이 키우랴, 직장 다니랴, 책까지 쓰느라고 얼마나 고생이 많았냐며, 시어머니께서 손을 잡아주시는데 왈칵 눈물이 쏟아졌습니다."

"엄마가 제 책을 보시곤 한참을 우셨다고 합니다. 당신 딸이 책을 펴냈다는 게 너무나 기특하고 대견스럽게 느껴졌나 봅니다. 요즘 동네 사람들과 친구들에게 제가 책을 썼다고 자랑하고 다니시는데, 왠지 모르게 제 마음이 다 행복해집니다. 역시 최고의 효도는 자식이 최고의 삶을 사는 것인가 봅니다. 이 간단한 진리를 왜 이제야 깨달았는지, 좀 더 일찍 알았더라면 좋을 텐데…."

사람들 대부분은 가족이나 친구들, 직장 동료들로부터 인정받거나 존중받을 일이 별로 없다. 오랜 시간 가까이에서 보고 지냈던 터라 내세울 만한 특별한 구석이 없기 때문이다. 그런데 내 이름으로 된 책을 펴내게 되면 이야기는 달라진다. 가족에게, 친구들에게, 동료들에게 특별한 사람이 된다. 그 순간 자연스럽게 인정과 존중도 받게 된다.

행복하고 성공한 인생을 살기 위해서는 무엇보다 자존감이 높아야 한다. 자존감이 높을수록 다른 사람들의 말에 휘둘리지 않는 주도적인 인생을 살 수 있다. 인생은 홀로서기다. 그런데 대부분은 홀로서기를 하지 않으려 한다. 외롭고 두렵기 때문이다. 그래서 자꾸만 누군가에게 의지하려 한다. 그러다 보니 성장할 기회를 놓치게 된다.

자존감을 높이고 싶을 때 당장 해야 할 한 가지

그동안 수많은 사람을 상담하고 가르쳤다. 그중에 키가 크고, 외모도 좋고, 학벌과 스펙까지 뛰어난 사람들이 낮은 자존감으로 인해 빛을 보지 못하는 경우가 많이 있었다. 그들을 볼 때면 너무나 안타깝고 속상했다. 하지만 나는 단 몇 개월 만에 그들의 의식세계를 완전히 바꿔 놓았다. 우울하고 가난한 그들의 내면세계를 밝고 부유하게 바꿔 주었다. 많은 사람이 나를 글쓰기, 책 쓰기 코치, 퍼스널 브랜딩 전문가로 기억하고 있지만, 사실 내 주 종목은 의식을 바꿔주는 마인드 코칭이다. 나를 만난 사람들이 단 3, 4개월 만에 책을 낼 수 있었던 것은 책 쓰기 수업 때 의식 변화, 우주의 법칙, 영성과 관련된 내용을 들려주면서 그들의 잠재의식을 바꿔 놓았기 때문이다.

아무리 자존감이 낮은 사람일지라도 자신의 이름으로 된 책을 펴내게 되면 완전 딴사람이 된다. 현재 대치동에서 잘나가는 수학강사 정진우 작가가 있다. 당시 35세로 대기업에서 근무하고 있을 때 책을 쓰고 싶다면서 찾아왔다. 그때가 2019년 11월이었다. 책 쓰기 교육과정에 등록한 후 작성한 그의 자기소개서에는 특이점이 있었다. 남들은 입사하지 못해 안달하는 대기업에 몸담고 있었지만, 학생들에게 수학을 가르치는 일이 재미있어 수학학원 강사가 되는 것이 꿈이라고 적혀 있었다. 왜 수학학원 강사가 되고 싶은지 물어보니 대학교와 대학원을 다니면서 생계형 아르바이트로 수학 과외를 7년간 했는데 너무 재미있었다는 것이다. 다른 일을 할 때와는 비교가 되지 않을 만큼 보람도 컸다고 했다.

그는 내게 앞으로 책을 출간해 베스트셀러 작가가 되고, 대형서점에서 사인회 및 강연을 하고 싶다고 말했다. 그렇게 퍼스널 브랜딩 한 후 강남 대치동에서 일타 수학강사가 되고 싶다고 포부를 밝혔다. 나는 정진우 작가의 꿈을 단기간에 이루어주고 싶었다. 그래서 1주 차 수업 때 그에게 학생들에게 도움이 되는 수학 공부법을 주제로 책을 쓰자고 제안했다. 그는 순간 당황하는 표정을 지으며 이렇게 물었다.

"저는 현재 수학강사도 아니고 직장인일 뿐인데 수학 공부법을 주제로 책을 써도 될까요?"

그때 나는 단호하게 말했다. 내 말을 전적으로 믿고 이 주제로 책을 쓴다면 수학강사의 꿈은 10년 후가 아닌 몇 달 후 이루어질 것이라고 말이다.

나는 정 작가가 제출한 제목 과제를 일일이 빨간 펜으로 체크하면서 더 나은 제목으로 만들어주었다. 당시 내가 지어준 제목이 '스스로 답을 찾는 수학 공부법'이었다. 목차를 만들 때도 일일이 첨삭해주며 완벽한 목차가 나오도록 코칭했다. 그 후 원고 쓰기에 들어갔다. 그는 직장에 몸담고 있으면서 꾸어온 수학강사의 꿈을 이루기 위해 열심히 원고를 썼다.

치열하게 원고를 쓴 결실이 한 권의 책이 되어 나왔다. 2020년 7월에 〈한국경제신문i〉에서 《스스로 답을 찾는 수학 공부법》이라는 책으로 나온 것이다. 당시 그는 결혼한 지 몇 달 되지 않은 신혼이었다. 책이 출간된 후 그는 아내에게 회사를 그만두고, 대치동에서 수학강사로 활동하고 싶다고 말했다고 한다. 그때 그의 아내는 흔쾌히 그의 꿈을 지지해주었다고 한다. 나는 그에게 학원 원장과 학생들의 어머니에게 인정받으려면 어떻게 처신해야 하는지 조언해주었다. 그리고 얼마 후 자신이 너무나 일하고 싶었던 학원에서 강의할 수 있게 되었다는 소식을 전해왔다. 지금 그는 누구보다 잘나가는 수학강사가 되었다.

우리는 생각하는 대로 그런 사람이 된다

"행복한 부모가 행복한 아이를 만든다"라는 말이 있다. 아이와 가장 가까이 있는 사람이 바로 부모다. 아이는 늘 부모의 모습을 보며 인생을 사는 법을 배운다. 부모가 우울해하거나 불행한 모습으로 하루하루를 살아간다면, 아이 역시 하루하루를 우울하고 불행하게 살게 된다. 반면 부모가 행복하면 아이 역시 정서적으로 안정감을 가지게 될 뿐 아니라 행복한 아이가 된다.

부모는 아이의 거울이라는 말을 기억해야 한다. 부모가 행복하고 성공하는 인생을 살아간다면 아이 역시 그런 인생을 살 확률이 높다. 부모의 인생을 보면서 자신 역시 행복하고 성공하는 인생을 살도록 해주는 사고와 습관을 몸에 익혔기 때문이다. 그래서 내 아이를 행복한 사람, 성공하는 사람으로 키우고 싶다면 부모부터 그런 사람이 되어야 한다. 그런 사람이 되기 위한 가장 빠른 방법은 자존감을 높이는 것이다. 자존감은 자신을 스스로 존중하는 마음인 만큼 최고의 삶을 살기 위해 노력하게 된다.

나를 만난 후 과거와 다른 인생을 사는 사람은 헤아릴 수 없이 많다. 그들은 자신이 달라짐으로써 남편 또는 아내가 달라지고 아이들까지 달라졌다며 사람들에게 '책을 쓰라'라고 권유한다. 그만큼 책 쓰기는 이루 말할 수 없는 매력을 갖고 있다. 한 권의 책을 쓴 사람이 곧장 두 번째 책 쓰기에 돌입하게 되는 까닭이다.

지금 하는 일이, 인간관계가, 사업이 잘 풀리지 않는다면 자신의 자존감이 낮아서가 아닌지 되돌아볼 필요가 있다. 대체로 실패하는 인생을 사는 사람들의 특징이 낮은 자존감을 지녔다는 것이다. 자존감이 낮다면 당장 책을 써라. 책을 쓰게 되면 바닥이었던 자존감이 높아져 모든 일이 술술 풀리기 시작한다.

가난을 벗어나는
가장 현실적인 방법

가난하게 살고 싶지 않다면

50대 중반의 C씨. 그는 오늘도 컵라면으로 끼니를 때운다. 그러면서도 그는 라면이라도 먹을 수 있어서 다행이라고 여긴다. 몇 달 전 실직한 가장인 그는 한 손에 컵라면을 들고 베트남 하노이의, 한국인이 운영하는 하숙집에서 노트북을 켠다. 그리고 아내에게서 온 메일을 확인한다.

"제발, 즐겁고 행복한 우리 생활을 방해하지 말아 주세요. 베트남에 계속 있든가, 중국이나 미국으로 가든가, 제발 한국에는 오지 않았으면 해요."

메일을 확인한 그의 심장이 쪼그라들고 머릿속은 온통 새하얘진다. '그동안 가정을 위해 헌신한 게 얼마인데'라는 생각에 울화가 치민다. 하지만 어쩔 수 없는 노릇이다. 이제 그는 실직한 무능한 가장이기 때문이다. 그는 굴욕감을 느끼면서도 친구에게서 500만 원을 빌려 밀린 하숙비를 계산했다. 몇 달째 밀려 있었던 탓에 남은 돈은 얼마 되지 않는다. 자존심이 상했지만 그는 꾹 참고 아내에게 답장을 보냈다.

"미안해. 당신과 아이들을 힘들게 해서…. 미안하지만 1,500만 원만 송금 부탁해. 어떻게든 여기서 살아볼 테니까."

컵라면으로 연명하고 아내에게 돈을 구걸하는 것은 그의 원래 모습이 아니었다. 서울 명문대를 졸업하고 대기업에 입사했을 때만 해도 그는 이른바 잘나가는 화이트칼라였다. 그는 지인의 소개로 만난 아내와 사랑에 빠졌고, 2년간 열애 끝에 결혼해 아이 둘을 낳았다. 섬유 수출을 하는 회사에 근무하다 보니 자연히 해외 출장이 잦았다. 물론 덕분에 승진도 동기들보다 빨랐고, 주위에서 유능하다는 소리를 들었다.

그는 월급을 꼬박꼬박 아내에게 가져다주었고, 초등학교 교사인 아내는 한 푼도 허투루 쓰지 않아 결혼 3년 만에 서울에 집을 마련할 수 있었다. 하루하루가 행복했고 장밋빛 미래가 그려지는 듯했다. 그러나 얼마 지나지 않아 회사에서 구조조정이 있을 것이라는 소문이 돌았다. 이미 섬유업은 중국으로 중심축이 넘어가 있던 터라 회사가 벼랑에 내몰린 상황이었다. 그는 고민 끝에 회사에 사표를 냈다.

얼마 후 좀 작은 회사지만 고액 스카우트 제의가 들어왔다. 수입이 끊기지 않아 그나마 다행이었다. 그는 베트남 호찌민 영업소장으로 발령을 받아 떠났다. 베트남에서의 일은 잘 진행되는 듯했다. 첫 달에는 400만 원 남짓한 생활비를 한국으로 보냈다. 그러나 그 후로 몇 달씩 월급이 밀리기 시작했다. 호찌민 사무소는 3년 만에 폐쇄 결정이 내려졌고, 그는 어쩔 수 없이 귀국해야 했다.

회사를 그만둔 그가 집에서 할 수 있는 일이란 별로 없었다. 50세를 넘긴 그가 일자리를 찾아 나서기도 쉽지 않았다. 직장생활 말곤 딱히 취미가 없었던 그는 집에서 인터넷으로 게임을 하거나 바둑을 뒀다. 그런 그를 아내는 타박하기 시작했다. 물론 그 역시 10대 아이들에게 초라한 모습을 보이는 것이 민망했지만, 다른 방법이 없었다.

그즈음 베트남에서 사업을 하는 친구에게서 연락이 왔다. 동업하면 회사의 대표 자리를 준다는 것이었다. 집에서 천덕꾸러기 취급을 받느니 차라리 일하는 게 낫겠다 싶어 베트남행을 택했다. 아내가 사업 자금으로 준 2,000만 원을 들고서. 두 번째 베트남행을 앞둔 어느 날 아내가 문자를 보내 왔다.

"당신이 집에 있는 건 우리 가족의 수치고 불행이야. 비행기 표 끊어줄 테니 베트남에 가서 살아. 우리 식구 괴롭히지 말고….

순간 가슴이 쓰라렸지만, 월급을 가져다주면 닫힌 아내의 마음이 열릴 것 같았다. 그러나 세상만사가 그렇듯이 사업은 뜻대로 잘되지 않았다. 도착한 지 몇 개월 만에 월급이 밀리기 시작했다. 또다시 악몽이 시작되었다. 그는 울며 겨자 먹는 심정으로 아내에게 도움을 청하는 메일을 보냈고, 얼마간 아내가 보내주는 생활비로 그럭저럭 버틸 수 있었다. 물론 아내는 돈을 송금할 때마다 그에게 "제발 돌아오지 말고 거기서 살아"라는 말을 잊지 않았다. 그렇다고 아내에게 다른 남자가 생긴 것도 아니었다. 그저 무능한 남편의 존재가 싫었던 것이다. 마지막 통화에서 아내가 했던 말이 아직도 그의 귓가에 윙윙거린다.

"필리핀에서 오렌지를 따든, 뉴질랜드에 가서 과일을 따든, 미국에서 청소를 하든 앞으로 연락하지 말아요. 애들과 저는 잘 지낼 테니…."

내가 쓴 책 《10년 차 직장인, 사표 대신 책을 써라》에 소개된 이야기다. 불혹을 넘긴 가장들 가운데 이 이야기를 읽으며 가슴이 철렁했을 사람도 있을지 모르겠다. 가슴이 철렁했다면 지금 가정에서 자신의 위치가 불안하다는 방증이다. 나이가 들수록 남자들은 직장이나 가정에서 입지가 좁아지는 탓에 자신도 모르게 새가슴이 된다. 하루하루가 마치 살얼음판을 걷는 것처럼 초조하고 불안하다. 그러다 보니 인생의 허무함, 공허함이 깊어져 우울증에 시달리기도 한다.

지독한 가난에서 벗어날 수 있는 유일한 방법

일 년 전 대기업에 다니고 있는 분이 책을 쓰고 싶다며 나를 찾아왔다. 그는 이렇게 토로했다.

"아내는 나를 보면 자꾸만 짜증을 냅니다. 물론 내가 다른 사람들에 비해 연봉이 낮고 특별히 내세울 만한 게 없다는 걸 잘 압니다. 하지만 그동안 바람 한 번 피운 적 없고 나름대로 가정적인 남편과 아빠로 살아왔다고 자부하는데…. 왜 나를 대하는 아내의 시선이 갈수록 차가워지는지 모르겠어요."

그때 나는 다음과 같이 조언했다.

"주위에 선생님 같은 분들이 많습니다. 그동안 가족만 바라보며 열심히 살아왔는데, 아내와 아이들이 존중은커녕 무시하는 태도를 보여 자괴감을 느끼게 됩니다. 제 생각에 가족이 그런 모습을 보이는 데는 가족의 잘못도 있지만, 본인한테도 원인이 있다고 생각합니다. 가족만 바라보며 살면 결국에는 가족을 위해 희생했다는 생각을 가지게 됩니다. 그래서 자신이 가족을 위해 희생한 만큼 가족에게도 그에 걸맞은 대접을 기대하게 되는데, 이때부터 고통의 씨앗이 자라기 시작합니다. 이제부터라도 가족을 위해 살기보다 선생님 자신을 위해 사세요. 선생님의 인생이 바로 서야 가족들도 선생님을 함부로 대하지 않습니다.

오히려 인정하고 존중해줍니다. 자신의 이름으로 된 책을 내보세요. 그러면 본인의 자존감이 높아질 뿐 아니라 가족들 역시 선생님에 대해 자부심을 느끼게 됩니다. 특히 책에다 지금 선생님이 겪고 있는 가정과 직장생활에 대한 고민과 아내에게 고마웠던 이야기를 담는다면 아내는 진심으로 고마워할 것입니다. 아내가 선생님에게 짜증을 내거나 불만을 느끼는 것은 소통이 되지 않기 때문입니다. 책을 통해 다시 한번 아내와의 소통을 시도해 보세요."

그는 나에게 책 쓰기 코칭을 받으며 초고를 쓰기 시작했다. 두 달에 걸쳐 초고를 완성했고, 그 원고 그대로 출판사와 출판 계약을 마쳤다.

"처음에 내가 책을 쓰고 있다고 하자 무슨 말도 안 되는 소리를 하느냐고 그러더군요. 자존심이 상했지만, 김태광 대표님의 코칭 아래 묵묵히 원고를 썼습니다. 원고를 절반가량 쓰고 어느 정도 완성되었을 때 나를 바라보는 가족의 시선이 예전과는 사뭇 다르다는 것을 느낄 수 있었습니다. 제가 책상 앞에 앉아 키보드를 두드리고 있으면, 아이들이 다가와 '아빠, 책 써?', '아빠, 책 언제 나와?', '진짜 아빠가 작가가 되는 거야?'라고 묻기도 했습니다. 책이 출간되었을 때 아내가 한 말이 지금도 잊히지 않습니다. '이제 오빠가 말하는 건 팥으로 메주를 쑨다고 해도 믿을게. 정말 대단해. 어떻게 이런 책을 다 썼어. 엄마, 아빠에게 자랑해야지.'"

그가 작가가 된 후 그의 일상에서 가장 달라진 것은 아내를 비롯해 아이들이 예전과 달리 존중해준다는 점이다. 예전에는 회사에서 전화하면 아내가 퉁명스럽게 받았지만, 지금은 연애할 때처럼 부드럽게 받아준다고 한다. 책을 펴낸 지금, 그의 일상은 일 년 전과는 백팔십도로 달라졌다.

평소 배우자나 자녀들이 존중해주지 않는다는 생각이 들면 자신의 이름으로 된 책을 써내라. 그러면 가족들은 경이로운 시선으로 당신을 바라볼 것이다. 그러곤 그 시선은 당연히 인정과 존중의 시선으로 바뀌고, 당신을 대하는 태도 또한 달라질 것이다.

똑같은 시간 안에
더 빠르게 성공하는 방법

가난한 사람은 대체 왜 가난할까?

대구광역시 달성군 유가면 상리 69-2번지.

이는 내가 유년 시절부터 살았던 고향 집 주소다. 지금은 대구 테크노폴리스, 국가 과학 산업 단지 등이 들어서면서 사라졌다. 우리 집은 동네에서 가장 가난한 편에 속했다. 그래서 20대 시절부터 지금까지 나는 성공에 대해 누구보다 관심이 많다. 가장 많이 읽은 책이 성공학이나 성공한 사람들의 스토리를 담은 책이다. 성공자들의 성공 비결을 알아서 나 역시 성공하고 싶었기 때문이다. 20대 시절, 나는 '성공학 강사가 되겠다'라는 꿈을 가졌다. 하지만 나에게는 콤플렉스가 있었다. 바로 '말더듬증'이었다.

정상적으로 말하는 사람은 말을 더듬는 사람들의 말 못 할 스트레스나 상처에 대해 잘 알지 못한다. 말을 더듬는 사람들의 경우 대부분 자신감이 부족하다. 심하면 대인기피증에 시달리기도 하는 등 힘든 생활을 하게 된다. 초등학교 시절부터 고등학교 때까지 나는 반장이나 실장, 부실장 등의 리더 역할은 한 번도 해보지 못했다. 초등학교 시절 새 학기가 되어 반장 선거를 할 때면, 매번 마음속으로 나도 한 번쯤 반장을 해봤으면 싶었다. 하지만 언어장애 때문에 행동으로 옮길 수 없었다.

나는 겉으로는 외향적으로 보이지만, 사실은 내성적인 성격이다. 사람들에게 내가 내성적인 편이라고 말하면 잘 믿지 않는다. 그들은 유쾌하고 열정적으로 보이는 내 겉모습만 봤기 때문이다. 사실 현재의 모습처럼 변화된 것도 부정적인 사고를 긍정적으로 바꿔준 자기계발서와 성공학 관련서 덕분이다. 나는 그 책들을 수없이 읽고 따라 하려고 노력했다.

나는 유난히 성격이 급한 편이다. 그래서 특히 화가 나고 흥분되면 더욱 심하게 말을 더듬었다. 같은 동네에 사셨던 외할머니와 부모님은 이런 나의 장애를 매우 심각하게 받아들이셨다. 아마 이런 마음이었을 것이다. '아이고, 저렇게 말을 더듬어서야 커서 무얼 할 수 있겠노.' 외할머니와 부모님 외에 동네 사람들도 내가 말을 더듬을 때면 안타깝고 측은한 표정으로 나를 바라보곤 했다.

하지만 나는 어른들의 그런 모습을 별로 괘념치 않았다. 말을 더듬으면 내 말을 듣는 사람들은 곤욕이겠지만, 말을 하는 나는 별 어려움이 없었기 때문이다. 그리고 어릴 때 동네 친구들을 자주 때려서 울렸던 골목대장인 나에게 다른 친구들이 내 자존심을 상하게 하는 말을 할 수 없었던 것도 한몫했을 것이다.

7세 때였던가. 하루는 마당에서 내가 더듬거리며 엄마에게 말하자 엄마는 이렇게 일침을 가했다.

"자꾸 말을 더듬으면 저 비행기에 태워서 미국에 보내버린다."

그때 마침 여객기가 하늘을 가로지르고 있었다. 어렸던 나는 엄마의 말을 듣고 정말 무서웠다. 하나도 알아듣지 못하는 영어를 쓰는 데다 큰 코에 새파란 눈을 가진 사람들이 사는 미국에 보낸다니, 정말 눈앞이 캄캄해왔다. 물론 말을 더듬는 내가 답답하고 안타까운 마음에 그런 말씀을 하셨을 것이다. 하지만 그런다고 해서 나의 말더듬증이 쉽게 고쳐진 것은 아니었다.

사실 나는 말더듬증 때문에 학창시절을 비롯해 사회생활을 하면서도 많은 어려움을 겪어야 했다. 남들은 잘 알지 못하는 나 혼자만의 시련이었다. 예를 들면, 마음속에는 하고 싶은 말들이 많았지만 다른 사람들 앞에서 말해야 할 때면 꿀 먹은 벙어리가 되곤 했다. '사람들 앞에서 말을 더듬어 망신당하면 어떡하지?'라는 불안감 때문이었던 것 같다.

말더듬증 때문에 나는 많은 열등감을 안고 살아야 했다. 그러다 작가가 된 후 어린 시절부터 내면에 자리하고 있던 말더듬증 콤플렉스에서 벗어나기로 했다. 그 열등감에서 단박에 벗어나게 해주는 비책으로 강연가가 되기로 결심했던 것이다. 수백 명의 청중 앞에서 내 꿈과 비전 등을 알리는 스피치를 성공적으로 마치면 그동안 나를 옭아매었던 말더듬이라는 열등감에서 벗어날 수 있으리라 믿었다.

이걸 하지 않으면 평생 가난에서 벗어날 수 없다

2009년 2월, 나는 여든 번째 책 《미셸처럼 공부하고 오바마처럼 도전하라》를 출간했다. 이 책은 두 가지 이유로 나에게 의미가 큰 책이다. 내가 존경하고 닮고 싶었던 공병호 박사님께서 추천사를 흔쾌히 써주셨는가 하면, 이 책을 통해 강연가의 꿈을 실현했기 때문이다.

책이 출간된 지 한 달쯤 지난 어느 날, 울산대학교 경영대학원에서 저자 강연회에 초청하는 전화를 걸어왔다. 허영도 교수는 경영대학원 최고 경영자 과정의 'CEO 포럼'에서 한 달에 한 번 저자들을 초빙해 강연을 듣는데, 4월의 강사로 나를 초빙하고 싶다고 하셨다. 울산대학교 경영대학원에서의 강연은 3주 정도 남아 있었다. 이 기간에 나는 치열하게 강연 연습에 매달렸다. 내 목소리를 직접 녹음하면서 호흡과 발음 교정도 병행했다. 그러자 나도 모르게 강연에 대해 자신감이 붙기 시작했다.

당시 나는 원고를 100번가량 읽으며 연습에 연습을 거듭할 때 자기 암시를 활용했다. 먼저 울산대학교 경영대학원 홈페이지에 접속해서 내가 강연해야 할 장소를 미리 살펴봤다. 그리고 그곳 이미지들을 따로 폴더에 저장해두고서 자주 들여다봤다. 내가 그곳의 단상에서 수백 명의 청중을 앞에 두고 성공적으로 강연을 펼치는 모습을 생생하게 상상했다.

부단히 강연 연습을 한 덕분일까, 이날 나는 생애 최초의 강연을 멋지게 마칠 수 있었다. 강연이 끝난 후 허영도 교수가 잠시 할 말이 있다면서 나를 원장실로 이끌었다. 순간 나는 '오늘 강연이 별로였다' 등의 말을 듣게 될 거라고 생각했다. 그런데 뜻밖의 말을 듣게 되었다.

"김 선생님, 오늘 강연 정말 잘 들었습니다. 사실 처음에 생각했던 것보다 너무 젊으셔서 걱정도 했었는데, 정말 말씀도 잘하시고 강연 내용도 좋았습니다."

그날 나는 그동안 가슴에 돌덩이처럼 얹혀 있던 말더듬증 콤플렉스에서 벗어날 수 있었다. 그 후로 나는 어느 강연에서건 자신 있게 스피치 할 수 있게 되었고, 보다시피 지금은 대한민국 대표 성공학 강사가 되었다.

나는 가끔 생각해본다. 만약 내가 책을 쓰지 않았다면 지금 나는 어떤 모습을 하고 있을까? 분명 가난과 말더듬증, 낮은 학벌이라는 삼중고에 시달리고 있지 않을까. 분명 지금과 같은 행복한 인생을 살 수는 없었을 것이다. 어쩌면 낮은 자존감에다 패배감으로 과거보다 더 못한 인생을 살아가고 있을지도 모른다.

책 쓰기는 나에게 무한한 가능성을 열어주었다. 나 자신이 내 생각보다 더 멋지고 특별한 존재라는 깨달음을 준 것은 물론, 대한민국 대표 성공학 강사로 거듭나게 해주었다. 늦게 시작해서 크게 성공한 김태광 표 '또라이 성공학'으로 TV와 라디오에 출연하기도 했다. 그렇게 성공학 강사로 활동하고 있는 지금, 그 누구도 부럽지 않을 만큼 행복하다.

이 방법만 알면
무조건 무자본 창업에 성공할 수 있다

무자본 창업, 자본주의 사회에서
빠르게 성공하는 방법

《잘 살아라 그게 최고의 복수다》라는 책을 쓴 권민창 작가가 있다. 현재 유튜브 채널 〈돈고리즘TV〉를 운영하는 유튜버이기도 하다. 지금까지 그가 쓴 책만 10여 권에 달한다. 그 역시 한책협 출신이다. 그가 책을 쓰기 위해 찾아왔던 때가 2016년 9월이었다. 당시 군인 신분이었던 그는 직업 군인이 천직이라고 말했다. 책을 쓰고 나선 근무하는 군에서 독서 모임을 만들어 후배들에게 책의 유익함을 전해주고 싶다고 했다. 그래서 책 쓰기 퍼스널 브랜딩 교육과정에 참여한 것이다.

당시 그의 표정은 어둡고 우울해 보였다. 한책협에 포스팅되어 있는, 권민창 작가와 함께 찍었던 사진들을 보면 대부분 음울한 모습들

뿐이다. 하지만 그는 내 강의를 듣고 내가 추천해준 책들을 읽으면서 표정이 밝아지기 시작했다. 한번은 책 쓰기 수업 때 수업 시작 전 각자 돌아가면서 읽은 책에 대해 발표하는 시간이 있었는데, 그때 그는 나에게 정말 감사하다며 노래를 부르기도 했다. 당시 나를 비롯한 많은 사람이 놀랐다. 평소 말수도 적고 어두웠던 표정의 그가 그런 모습을 보였기 때문이다. 그가 잘되기를 바라며 가르쳤던 나의 진심을 알아준다는 생각에 나 역시 감격했던 기억이 지금도 생생하다.

그는 단 5주 만에 A4 용지 100장의 원고를 쓰고 출판 계약에 성공했다. 권민창 작가가 함께 수강했던 사람들 중 가장 빠르게 출판 계약을 맺은 것이었다. 2016년 9월 23일, 그는 카카오톡으로 내게 이런 감사의 메시지를 보내왔다.

"책만 읽었던 바보가 이렇게 저자로 거듭난 건 대장님 덕분입니다. 제가 가야 할 현역 군인 독서 전문가라는 목표를 이루기 위해 열심히 하겠습니다."

나는 책 쓰기 수업 때 케이크까지 준비해 그의 출판 계약을 축하해주었다. 그리고 3개월 후인 12월, 《권 중사의 독서혁명》이라는 책이 출간되었다. 그 후 그는 10여 권의 책을 더 펴냈다. 그동안 천직이라고 믿었던 직업 군인을 졸업하고 작가, 코치, 유튜버로 활동 영역을 넓혔다. 현재 그가 한 달에 벌어들이는 수입은 보통 직장인들이 상상할 수 없는 액수다. 그 역시 '성공해서 책을 쓴 것이 아니라, 책을 써서 성공'한 케이스다.

내게 평생 쓰고도 남을 부와 풍요를 가져다준 상상의 힘

잠시 어린 시절의 우리 집 이야기를 할까 한다. 동네에서 가장 가난했던 우리 집에는 거액의 빚이 있었다. 우리 아버지는 예순이 넘으신 연세에 대구 달성군 달성공단에 있는 아파트의 경비원으로 일하시며 70만 원 정도의 월급을 받으셨다. 전문대를 졸업한 나는 남들에게 내세울 수 있는 스펙이라곤 하나도 없었다. 말까지 더듬었던 나는 자존감까지 바닥이었다. 이런 내가 성공할 수 있는 길은 꾸준히 책을 써서 퍼스널 브랜딩 하는 방법밖에 없었다.

나는 사람들에게 내 지식과 경험, 깨달음 등을 들려주는 동기부여 강사, 코치가 되고 싶었다. 당시 나는 다음과 같은 성공 확언, 부자 확언을 A4 용지에 적어서 방 여러 곳에 붙여 두었다. 심지어 냉장고 문과 누우면 저절로 보게 되는 천장에도 붙였다. 지갑에도 넣고 다녔다. 때로 삶이 힘든 나머지 죽고 싶어지거나 미래에 대한 불안감이 엄습할 때 읽어보며 마음을 다잡았다.

나는 베스트셀러 작가다!
내가 펴낸 책들의 저작권이 해외 여러 나라에 수출되어 책으로 출간된다.
10년 후 연 수입 30억 원이 넘는 작가, 코치, 강연가가 된다.
나는 고가의 외제 차를 타고 다닌다.
나 혼자의 힘으로 집의 빚을 모두 갚는다.
수많은 사람이 내가 쓴 책을 구입하기 위해 서점으로 몰려든다.

내 이름으로 된 아파트와 여러 채의 건물을 소유한다.

나는 100억 자수성가 부자가 된다.

나는 출근 전과 퇴근 후 부자 확언이 적혀 있는 종이를 수시로 봤다. 그 확언들을 중얼중얼 읽곤 했다. 내가 바라는 모습이 이미 이루어진 것처럼 생생하게 상상했다. 직장에서 일할 때도 습관적으로 꿈꾸는 미래를 생각했다. 그것이 이루어진 결과를 떠올렸다. 30세가 넘어서도 이런 나만의 의식은 계속되었다. 이 과정에서 내가 바라는 것은 곧 성취된다는 믿음이 더욱 단단해졌다.

시간이 지난 후 보니 과거에 내가 종이에 적었던 소망들은 모두 이루어졌다. 아니, 더 많은 것들이 이루어졌다. 이루어진 목록을 종이에 적어보니 100가지가 넘었다. 흙수저, 무스펙, 신용불량자였던 내가 40채의 부동산을 가진 200억 원 자산가가 될 줄이야 누가 상상이나 했겠는가? 보통 사람들은 가질 수 없는 3, 4억 원짜리 페라리, 람보르기니와 같은 슈퍼카를 타고 출퇴근할 정도로 경제적 성공을 이루었다. 나는 20년 이상을 우주의 법칙, 즉 상상의 법칙과 끌어당김의 법칙을 실천하면서 살았다. 그 결과, 내가 과거에 생생하게 꿈꾸었던 모든 것들이 실현되었다. 지금 나는 그것들을 누리며 살고 있다.

최고가 되겠다고 결심하라!

리처드 바크(Richard Bach)의 저서로 《갈매기의 꿈》이 있다. 이 책은 전직 비행사였던 작가가 비행에 대한 꿈과 신념을 실현하고자 끊임없이 노력하는 갈매기 조나단 리빙스턴의 일생을 통해 모든 존재가 갖고 있는 초월적 능력을 일깨운 우화형식의 신비주의 소설이다.

이 작품은 자유의 참뜻을 깨닫기 위해 비상을 꿈꾸는 한 마리 갈매기를 통해 인간 삶의 본질을 상징적으로 그리고 있다. 특히 다른 갈매기들의 따돌림에도 흔들림 없이 꿋꿋하게 자신의 꿈에 도전하는 갈매기 조나단의 인상적인 모습에서 자기완성의 소중함을 깨닫게 된다. 작가는 '가장 높이 나는 새가 가장 멀리 본다'라는 삶의 진리를 일깨우며, 사람들에게 눈앞의 일에만 매달리지 말라고, 멀리 앞날을 내다보며 저마다 마음속에 자신만의 꿈과 이상을 간직하며 살아가라고 이야기한다.

나 역시 이 책을 통해 어떤 자세로 인생을 살아가야 할지 생각해보곤 한다. 앞서 인생을 살았던 사람들 역시 나와 같이 감동했나 보다. 출간되자마자 미국 문학사상 최대의 베스트셀러였던 《바람과 함께 사라지다》의 판매 기록을 뛰어넘는 세계적인 베스트셀러가 된 것을 보면 말이다. 사람들에게 지대한 영향을 주었음은 더 말할 필요도 없을 것이다. 《갈매기의 꿈》의 성공으로 부와 명예를 누리게 된 리처드 바크 역시 이 책을 출간하기까지 무려 열여덟 군데의 출판사로부터 원고를 거절당했다. 하지만 그는 작가가 되려는 자신의 꿈을 포기하지 않았고, 마침내 이 책은 700만 부가 팔린 세기의 베스트셀러가 되었다.

《갈매기의 꿈》에서 우두머리 갈매기가 조나단에게 이렇게 말한다.

"삶이란 알려지지 않은 것이고 또 알 수도 없는 것이다. 우리는 단지 먹기 위해, 그리고 될 수 있는 한 오래 살아남기 위해 이 세상에 던져진 것이다. 그 이상은 아무것도 필요 없다."

그저 썩은 고기라도 배부르게 먹으며 살아가면 그만이지, 더 멀리, 더 높게 나는 것은 갈매기에게는 무의미하고 아무짝에도 쓸모없는 짓이라는 것이다. 그렇게 사는 것이 보통 갈매기들의 운명이었다. 그러나 조나단은 여느 갈매기와는 달랐다. 조나단은 이렇게 말했다.

"수천 년 동안 우리는 물고기나 쫓아다니며 살아왔습니다. 하지만 이제는 삶의 의미를 찾아야 할 때입니다. 배우고 알아내고 자유로워지기 위해서 말입니다. 제게 한 번만 기회를 주십시오."

하지만 안타깝게도 동료 갈매기들은 조나단에게 등을 돌린다. 조나단은 다른 갈매기들이 자신의 가능성을 포기하는 것을 보고 가슴 아파한다. 결국, 외톨이가 된 조나단은 자신의 꿈을 이루려 더 많이 배우고 노력했다. 그런 지독한 노력 끝에 신선하고 맛있는 물고기를 잡는 법도 터득하게 된다. 생존하기 위해 썩은 고기를 찾아다닐 필요가 없어진다.

나는 조나단을 제외한 다른 갈매기들의 모습이 오로지 회사에 목매는 직장인의 모습과 다르지 않다고 생각한다. 그들은 지금보다 더 높이 비상할 수 있는 능력과 신선한 물고기를 잡을 수 있는 능력을 갖추고 있었다. 하지만 일상의 업무에만 에너지와 시간을 쏟기 때문에 지금보다 더 나은 미래를 만들지 못한다. 그저 어제와 같은 오늘, 오늘과 같은 내일을 다람쥐가 쳇바퀴 굴리듯이 살아갈 뿐이다. "죽지 못해 산다"라고 토로하면서.

행동하라, 실패할 수 없는 것처럼

나는 20대 시절, 지독한 가난과 막막한 미래로 인해 아무리 힘들고 고통스러워도 내가 성공하리라는 확신과 믿음만은 잃지 않았다.

'나는 반드시 지금보다 더 나은 인생을 살 수 있다!'
'미래는 지금 내가 어떻게 하느냐에 따라 얼마든지 달라질 수 있다!'

이런 확고한 신념으로 책을 썼다. 서울 혜화동 근처 고시원과 영등포역 근처 고시원에서 라면으로 끼니를 때우며 3년 반 동안 작가의 꿈을 실현하고자 키보드를 두드렸다. 물론 그 과정에서 출판사로부터 500회 이상 원고를 거절당했지만 포기하지 않았다. '당신은 작가가 될 수 없다'라는 그들의 말에 휘둘리지 않았다. 그 결과 한 출판사와 인연이 되어 《꿈이 있는 다락방》, 《마음이 담긴 몽당연필》을 계약할 수 있었다. 《마음이 담긴 몽당연필》에 실린 글의 일부는 초등학교 4학년 2학기 도덕 교과서에 실리기도 했다.

물론 작가가 된 후에도 현실은 별반 달라지지 않았다. 달라진 것이 있다면 서울 생활이 너무 힘든 나머지 고향인 대구로 내려와 책을 썼다는 것뿐이다. 아직 크게 성공하지 못했기에 바로 고향 집으로 내려가지 않았다. 대구 남문시장 골목 안에 있는, 보증금 20만 원에 월세 17만 원짜리 자취방을 구해 들어갔다. 그리고 70만 원의 월급을 받으며 달서구 지역 신문인 〈푸른 신문사〉에서 근무했다. 출근 전 새벽과 퇴근 후의 밤, 주말을 활용해 책 쓰기에 매진했다. 매일 하루 두 끼 주식은 라면이었다. 당시 남문시장 맞은편 대구교육대학 정문 옆에 자매가 운영하는 뼈다귀해장국 식당이 있었다. 해장국 한 그릇이 2,500원이었는데, 그 금액조차 부담되어 얼마간 고민한 후 사 먹곤 했다. 그 돈이면 봉지라면을 4개가량 살 수 있었기 때문이다. 나는 자나 깨나 책을 써서 성공하겠다는 생각뿐이었다. 너무나 절박했다. 그렇게 고군분투하자 내가 쓴 글을 인정해주는 출판사들이 하나둘씩 생겨나기 시작했다.

나는 책 쓰기로 황량한 사막 같았던 내 삶을 지금처럼 바꾸었다. 그래서 만나는 사람들, 특히 직장인에게 책을 써보라고 권유한다. 책을 쓰게 되면 정말 다양한 기회들이 찾아오기 때문이다.

한 번뿐인 인생이다. 다니기 싫은 직장에서 꼴 보기 싫은 사람들과 부대끼며 하기 싫은 일을 억지로 할 필요가 없다. 글쓰기, 책 쓰기, 퍼스널 브랜딩에 눈뜬다면 당신은 충분히 지금보다 더 나은 인생을 살 수 있다. 인생을 축제처럼 살 수 있다는 말이다. 그러기 위해서는 직장 생활을 하는 지금 당장 퍼스널 브랜딩을 시작해야 한다.

인생은 생각보다 길다. 그 긴 인생을 어떤 모습으로 살아갈 것인지, 고민해야 한다. '어떻게 되겠지' 하는 안일한 생각으로 현재를 편안하고 한가롭게만 보내다가는 노예처럼 불행한 인생을 살아갈지도 모른다.

가난한 사람들이
쉽게 저지르는 한 가지 실수

절대 자비출판하지 마라!

경기도 성남시 분당에서 20년째 한의원을 운영 중인 한의사가 있다. 그는 아이들의 야뇨증에 관한 초고를 다 쓴 후 자비출판을 하려고 온라인 검색을 하던 중 내가 운영하는 한책협을 알게 되었다. 거의 모든 사람이 상업출판을 하기 위해 나를 찾아오는데, 그분은 좀 특이했다. 그래서 그에게 이렇게 물었다.

"왜 상업출판을 하지 않고 굳이 비싼 돈을 들여 자비출판을 하려고 했었나요?"

그러자 그는 이렇게 말했다.

"사실 처음에는 자비출판을 하려고 여기저기 알아봤습니다. 그런데 알아볼수록 비용도 비용이지만, 자비출판으로 나온 책들은 하나같이 제목과 표지, 그리고 본문 편집이 엉성하다는 것을 알게 되었어요. 도저히 그런 책을 사람들에게 선물할 수 없을 것 같고, 무엇보다 내 돈을 들여서 책을 출간한다는 게 자존심이 상하더라고요. 그래서 다소 힘들더라도 기획출판, 상업출판을 해야겠다고 결심하게 되었습니다."

전라북도 전주의 한 은행에서 근무했던 분이 있다. 나를 만나기 전에 1,500만 원을 들여서 자비출판으로 책을 펴냈다. 그는 자신이 만든 모임에서 알게 된 동네 인쇄소 직원을 통해 책을 냈다고 했다. 그는 어떤 과정을 거쳐 책이 만들어지는지, 출판사와는 어떤 식으로 계약하는지 전혀 알지 못했기 때문에 자비출판을 한 경우였다. 그 후 우연한 계기로 나를 알게 되어 코칭을 받았고, 일 년도 채 지나지 않아 한 출판사로부터 인세를 받고 책을 출간하게 되었다. 책 출간 후 그는 자신이 다니는 은행의 사내 CS(고객만족) 강사로 활동하게 되었다.

퍼스널 브랜딩 잘하는 사람들의 특징

나는 사람들에게 힘들어도 자비출판보다는 기획출판, 상업출판을 하라고 조언한다. 자비출판으로 출간된 책은 누구에게라도 한눈에 자기 돈 들여서 펴낸 책이라는 표시가 나기 때문이다. 책의 질이 확연히 떨어지는 것이다. 한마디로 촌스러운 제목과 목차에다 엉성한 표지 디자인, 편집 디자인으로 제작된 그 책은 거의 팔리지 않는 책으로 전락

한다. 자비출판을 주로 하는 대부분의 출판사는 저자로부터 제작에 드는 비용을 받기 때문에 시장성을 고려하지 않는다. 따라서 책의 제목이나 목차 구성, 원고 상태 등에 그다지 신경 쓰지 않는다. 신경 쓰는 만큼 제작비만 더 들기 때문이다. 그래서 이런 책을 출간하게 되면 퍼스널 브랜딩은커녕 자신의 브랜드 가치마저 낮아지게 된다.

그런데도 자비출판을 하는 사람들이 더러 있다. 그들은 원고를 쓰느라 고생은 고생대로 하고 1,000만 원 정도의 비용을 쓰게 된다. 그렇게 책을 출간해도 그 책들은 창고에 처박히거나, 마치 전단 돌리듯이 뿌리는 상품이 되어 버린다. 그런 데다 책을 건네받은 사람은 아예 읽어보지도 않는다.

내가 사람들에게 자비출판을 하지 말라고 하는 이유는 다음과 같다.

첫째, 비용은 비용대로 들고 제목과 표지와 편집 등이 엉성하게 제작된다.

- 자비출판을 지향하는 출판사에는 제목과 표지, 편집 등을 깊이 고민하는 에디터들이 거의 없다. 책 제작에 드는 비용을 받고서 책을 만들기 때문에 굳이 그럴 필요성을 못 느끼는 것이다. 책의 수준을 높이고자 애쓰기보다는 단기간에 최소 비용으로 책을 만들기 위해 안간힘을 쓴다.

둘째, 자비출판으로 출간된 책을 사람들은 신뢰하지 않는다.
- 사람들 대부분이 자비출판된 책이 상업출판사에서 거절당한

것쯤은 알고 있다. 그래서 이런 식의 책을 신뢰하지 않는 것이다.

셋째, 자비출판으로 출간된 책은 오프라인 서점 매대에 거의 노출되지 않는다.
– 자비출판으로 출간된 책은 대부분 온라인 서점에서 판매될 뿐이다. 따로 오프라인 서점들을 돌아다니며 영업하는 직원이 거의 없기 때문이다.

넷째, 자비출판을 하는 순간, 아마추어 작가라는 낙인이 찍힌다.
– 자비출판을 하게 되면 그 책은 나중에 제대로 된 출판사에서 책을 펴낼 때 약력에 넣기가 난처해진다. 요즘 대중은 책을 고르는 수준이 높을 뿐 아니라 아주 예리하다. 그래서 어떤 책을 고르려다가 '이 작가, 자비출판으로 책을 낸 적도 있네. 실력이 별로인가 보다'와 같은 의구심을 갖는다. 책을 사려다가도 도로 내려놓을 수 있음은 물론이다.

자비출판을 전문으로 진행하는 출판사의 에디터들은 기획출판, 상업출판의 경험이 부족한 경우가 많다. 그러니 퍼스널 브랜딩을 생각한다면 절대 자비출판으로 책을 내선 안 된다. 많은 시간과 노력이 들더라도 제대로 된 원고를 써서 상업출판을 해야 한다. 이것이 결국 빠르게 퍼스널 브랜딩 하는 지름길이다.

자본주의 사회에서 빠르게
부자가 되는 사람들의 한 가지 공통점

성공한 사람들에게만 보이는 한 가지

16년 동안 국제선 승무원으로 일했던 미즈키 아키코(みずきあきこ)의 책《퍼스트클래스 승객은 펜을 빌리지 않는다》를 감명 깊게 읽었다. 이 책에는 저자가 일등석 전담 스튜어디스로 일하면서 알게 된 상위 3% 승객들의 성공 습관이 담겨 있다. 그녀는 퍼스트클래스 승객들을 보면서 이코노미석의 최소 5배 이상의 운임을 내는 이들 3%의 승객들에게는 작지만 성공을 만드는 비밀 습관이 있다는 것을 깨달았다고 한다.

예를 들어, 입국서류 작성으로 분주한 시간, 다들 승무원에게 펜을 빌리느라 바쁘지만, 퍼스트클래스 승객은 펜을 빌리는 일이 없었다. 무엇이든 기록하는 습관 때문에 품 안에 반드시 자신만의 필기구를 가지고 다니기 때문이다.

퍼스트클래스 승객 가운데 신문을 보는 이는 드물었다. 그 이유는 이미 자택에서, 늦어도 라운지에서 신문이 나오는 즉시 읽기 때문이다. 누가 먼저 정보를 확보하느냐에 따라 생존이 걸린 정글 같은 비즈니스 현장에서 신문과 같은 정보지에 실린 정보는 사업의 성패를 가르기도 한다. 그 때문에 그런 정보지가 발매나 배달되는 즉시 정보를 습득하는 것이다.

퍼스트클래스 승객들만의 행동과 성공 습관을 오랜 시간 관찰해 펴낸 이 책은 일본에서 판매 150만 부를 돌파하며 큰 반향을 일으켰다. 이 책을 읽으면서 가장 관심을 두었던 것은 서문이었다. 서문에는 승무원을 그만둔 저자가 2006년 회사를 설립했고, 지금은 사람들 앞에 나서서 강연할뿐더러 책도 여러 권 출간했다고 쓰여 있다. 그녀는 컨설턴트, 학원 강사, CEO, 회계사 등 자신의 이름에 따라붙는 직함이 한두 개가 아니다. 지금의 위치에 선 것은 모두 퍼스트클래스 승객들에게서 배운 것을 꾸준히 실천해온 결과다, 라고 말한다.

당신은 그녀의 말에서 무엇을 느꼈는가? 깨달았는가? 과거에 퍼스트클래스 승객들을 모셨던 그녀가 지금처럼 자신의 분야에서 성공한 인생을 살 수 있는 것은 책을 썼기 때문이다. 《퍼스트클래스 승객은 펜을 빌리지 않는다》라는 책이 150만 부 팔린 베스트셀러가 되었고, 그 결과 세상에 미즈키 아키코라는 이름이 알려져 자연스럽게 퍼스널 브랜딩 되었기 때문이다. 그녀는 책을 써서 자신이 원하는 삶을 살 수 있는 환경을 만든 셈이다.

너무 답답해서 알려주는 성공하는 법

나는 사람들에게 "성공해서 책을 쓰는 것이 아니라 책을 써야 성공한다!"라고 말한다. 성공하고 싶다면 반드시 책을 써야 한다. 그런데 세상에는 그저 열심히만 사는 사람들이 너무나 많다. 안타깝게도 그들은 '하루하루 개미처럼 열심히만 살다 보면 언젠가는 좋은 날도 오지 않을까?'라고 막연히 기대한다. 절대 그렇지 않다. 성공은 꿈과 전략, 노력이 하나가 될 때 이루어진다. 이 세 가지 없이 그저 열심히만 살면 몸만 상하게 된다. 늙어서 고생만 하게 된다.

내가 사람들에게 입버릇처럼 하는 말이 있다.

"성공하고 나서 책 쓸 생각 하지 말아요. 지금 당장 여러분의 이름으로 된 책을 펴내세요. 그 책이 마법을 부려 여러분을 성공할 수밖에 없는 환경으로 인도해줄 겁니다. 성공은 혼자서 하는 게임이 아닙니다. 혼자서 어떻게 성공해보려고 하면 고달프고 고통스럽기만 할 겁니다. 하지만 책을 쓰면 주위에 나를 인정해주는 사람들이 생겨나고, 그들이 나의 성공을 돕습니다."

책을 쓰면 전문가로 인정받는다. 사람들에게 전문가로 인정받으면 지금 하는 일이, 사업이 더 잘된다. 사람들은 전문가에게 몰려들기 때문이다. 이것이 바로 성공 시스템이다. 성공 시스템을 제대로 알고자 한다면 네이버 카페 〈한책협〉에 가입해보길 바란다.

자본주의 사회에서 빠르게 성공하고 싶다면 자신의 이름으로 된 책을 써라. 이제 남이 쓴 책 읽기는 그만하라. 책을 펴낸다면 사람들로부터 전문가 대접을 받을뿐더러 최고의 인생을 살 수 있는 티켓을 손에 쥐게 된다.

나는 이것을 알고 나서
신용불량자에서 200억 부자가 되었습니다

대부분의 사람이 부자가 되기 힘든 이유

치열한 경쟁을 뚫고 대졸, 취업, 결혼, 출산이라는 숙제를 해결한 30 대들에게는 또 다른 숙제가 기다리고 있다. 바로 주거라는 난제다. 수십 년을 꼬박 저축해야 살 수 있는 집값과 높아진 은행 문턱으로 주거는 날로 해결이 어려운 문제가 되고 있다.

주위를 둘러보면 대부분 힘들게 살아가고 있다. 지금 당장 인생 2막을 위한 대안을 마련하지 않으면, 갈수록 더 고달픈 처지에 내몰리게 될지도 모른다. 세상은 엄청난 속도로 변화하고 있기 때문에 멍하니 있다가는 뒤처지거나 도태되고 만다.

미래를 바꿀 수 있는 시간은 지금뿐이다. 직장에 다니고 있는 지금 퍼스널 브랜딩을 위해 노력해야 한다. 그러려면 내 이름 석 자가 들어간 책을 써야 한다. 매월 꼬박꼬박 월급을 받는 지금, 이 순간이 책 쓰기에 가장 좋은 때다. 만약 곧 구조조정을 앞두고 있거나 이미 직장에서 나온 상태라면 편안한 마음으로 책을 쓸 수 없다. 책을 쓰는 일보다 당장 생계 대책을 마련하는 일이 더 시급하기 때문이다. 그래서 다시 직장을 구한 후 책을 쓰겠노라고 다짐하게 된다. 물론 새로운 직장을 구하고도 책은 쓰지 않는다. 그렇게 사람들 대부분은 다람쥐 쳇바퀴 돌듯 악순환에 빠지기 쉽다.

요즘 저렴하게 방과 거실을 꾸미려는 이들이 서점을 많이 찾는다. 그래서인지 집 짓는 노하우를 알려주는 책과 마찬가지로 인테리어 관련 책들도 부쩍 늘었다. 그 가운데 충북 음성군의회 사무과에서 근무하고 있는 강호정 주무관의 책 《카페 스타일 홈인테리어》가 있다. 평소 인테리어에 관심이 많아 미니 카페와 작업장을 만들어 운영해온 그녀는 퇴근 후와 주말 등 틈틈이 시간을 쪼개 3년여 동안 직접 만든 가구들의 제작 과정을 담아 책을 출간했다.

혹자는 '공무원이 어떻게 홈인테리어에 관한 책을 펴냈을까?' 하고 의아해할지도 모른다. 앞에서도 재차 언급했다시피 지금 우리는 누구나 책을 쓸 수 있는 시대에 살고 있다. 자신의 일이나 취미, 관심사를 바탕으로 책을 쓸 수 있는 세상인 것이다.

강 주무관은 2002년, 의회 사무과로 첫 발령을 받아 공직생활을 시작했다. 토가공방을 하는 남편의 영향으로 자연스럽게 가구와 인테리어에 취미를 붙이게 되었다. 기존에 나온 책들이 단순히 DIY(Do It

Yourself)를 알려주고 있다면, 그녀가 쓴 책은 자신의 집 분위기를 바꾸고 싶어 하는 사람들을 위해 공간별로 인테리어하는 방법들을 실어 차별화를 꾀하고 있다.

당신이 부자가 되기 위해 해야 할 것

어느 신문에 취미로 인테리어를 해주는 약사에 관한 기사가 실렸다. 그는 인테리어 비용이 아까워 직접 집수리하다 코디네이터가 되었다고 한다. 그가 인테리어에 관심을 갖게 된 것은 지난 1988년 27평짜리 자신의 아파트를 고치면서부터였다. 그리고 점차 집을 늘려가면서 본격적으로 인테리어 작업을 시작했다고 한다. 그는 경험상 보통 기술자에게 맡겨 인테리어하면 3,000만 원이 들어가지만, 자신이 직접 하면 훨씬 저렴한 비용으로 해결할 수 있다고 말한다.

"애써서 모은 돈을 쉽게 쓰는 것도 그렇고, 직접 내 손으로 집수리해야겠다는 생각에서 시작했죠. 지인들이 제가 인테리어한 집을 보고 작업을 의뢰하는 경우도 적지 않아요."

그는 현재 수고비만 받고서 가까운 지인들의 집을 인테리어해주고 있다. 만약 그가 적은 비용으로 멋지게 집을 꾸미는 자신의 인테리어 노하우를 책으로 펴낸다면, 많은 사람에게 도움을 줄 뿐 아니라 인세 수입과 칼럼 기고 등의 또 다른 수입 파이프라인을 구축할 수 있다. 그러면 본업인 약사 일을 하면서 새로운 수입원까지 확보하게 된다.

지금 직장에서 아무리 잘나가더라도 때가 되면 나와야 한다. 아직 조직에 속해 있어서 큰 근심 없이 지내고 있더라도 상황은 한순간에 달라질 수 있다. 더군다나 요즘처럼 코로나19로 인한 경제위기로 대부분의 기업이 경영에 어려움을 겪고 있는 현실이라면 내게도 언제 시련이 닥칠지 모른다. 그런데도 많은 사람이 지금 다니는 직장을 평생 다닐 수 있으리라 착각한다. 하지만 자신이 아무리 뼈를 묻을 각오를 하더라도 회사가 원하지 않는다. 회사는 언제나 연봉은 낮으면서 더 젊고 능력 있는, 가성비 좋은 인재를 원하기 때문이다.

시간은 쏜살같이 흘러간다. 지금 아무런 준비 없이 허송세월한다면 얼마 안 가 머릿속이 하얘지고 허둥대는 시간을 맞게 된다. 내가 왜 평생을 바친 나를 내팽개치는 이런 곳에 헌신했을까, 하고 자신을 책망하게 된다. 물론 그사이 자신의 책상 주인은 다른 누군가로 대체된다. 그때 가서 회사를 욕하고 자책하더라도 아무 소용없다. 더 비참해질 뿐이다.

지금 그나마 밥벌이를 하고 있을 때 눈부신 인생 2막을 준비하라. 한 번뿐인 인생을 남의 사업체에서 하기 싫은 일만 하다가 끝내고 싶은가? 아니면 현대판 노예로 살다가 불행한 죽음을 맞고 싶은가? 그렇지 않다면 오늘 당장 퍼스널 브랜딩을 위한 행동을 취하라. 당신의 이름이 들어간 저서가 불안한 미래를 생각하며 떨고 있는 당신을 구해줄 것이다.

회사는 책을 쓰고 창업을 준비해서 나올 곳이다

회사는 평생 몸담는 곳이 아니다. 책을 써서 개인 브랜딩을 하고 1인 창업을 철저히 준비한 후에 자신의 자리를 후배들에게 물려주고 졸업해야 하는 곳이다. 지금과 다른 미래를 살고자 한다면 회사 졸업 계획을 세워야 한다. 어떤 준비를 해서 3, 5년 후 진짜 나의 삶을 살 것인지 미래를 구상해야 한다. 나는 직장생활을 할 때 암울했지만, 미래를 꿈꾸면서 부단히 노력해 지금의 삶을 살게 되었다.

직장인들은 현대판 노예와 같다. 언제까지 마당에 묶어놓은 강아지처럼 회사에 묶여 소중한 인생을 허비할 것인가. 더 늦지 않게 지금부터라도 당장 당신의 지적 자산(지식, 경험, 정보, 원리와 비법, 삶의 깨달음)을 책에다 담아 세상에 내놓아야 한다. 당신이 아무리 머리가 좋고 여러 개의 박사 학위를 가진 사람이라고 할지라도 세상은 그런 당신을 몰라준다. 그래서 외면당하거나 브랜딩이 되지 않는 것이다. 저서 한 권은 박사 학위 100개보다 더 가치 있다. 박사 학위를 여러 개 가졌다고 해봤자 남들보다 좀 더 많은 것뿐이다. 그러나 저서를 펴내게 되면 남들과 구별되는 진짜 스펙이 생기는 것이다. 주변 여기저기에 널린 게 '박사님'이지만 '작가님'은 찾기 힘들다. 그래서 책을 쓰게 되면 축하받고 인정받으며 성공했다는 말을 듣게 된다.

그동안 당신은 일하는 시간에 비례해서 대가를 받았다. 앞으로는 제공하는 가치에 비례하는 대가를 받아야 한다. 나를 비롯해 내가 배출한 수많은 제자가 그렇게 살고 있다. 내 책의 독자들을 대상으로 코칭하며, 컨설팅하고, 강연하며 보통 사람들은 상상하기 힘든 수익을 올리고 있다. 하루 만에 1억 원의 수익을 올리기도 한다. 내 제자들 가운데 일 년에 수억 원에서 수십억 원을 벌어들이는 이들도 있다.

직장에서 일만 하다 늙어 죽기에는 인생은 너무나 소중하다. 소중한 인생을 가치 있게 살다가 가야 한다. 내가 좋아하는 일을, 좋아하는 사람들과 좋아하는 장소에서 할 수 있다는 것은 축복이다. 당신도 이런 인생을 살 수 있다. 우리가 과거에 그러했듯이 직장에 다니고 있는 지금을 미래를 바꾸는 계기로 활용해야 한다. 이런저런 자기계발을 하면서 시간과 돈, 노력을 낭비하는 대신에 책을 써라. 사람들 대부분이 죽기 전에 하고 싶은 버킷리스트 가운데 하나로 책 출간을 꼽는다. 그렇다면 죽기 전에 하기보다 한 살이라도 젊은, 지금 해야 하지 않을까.

지금 내 이름으로 된 책을 출간해 코칭, 상담, 강연, 컨설팅, 1인 창업 시스템을 만든다면, 더 이상 직장에 얽매이지 않아도 된다. 하루에 서너 시간만 일하고도 직장생활 할 때 받았던 월급의 몇 배를 벌 수 있다. 무엇보다 내가 좋아하는 일이기 때문에 지루하거나 힘들지도 않다. 시간이 갈수록 나의 실력은 업그레이드되고 브랜딩이 된다. 자연히 수입은 기하급수적으로 늘어난다. 결국, 그토록 소원했던 경제적 자유인이 될 수 있다.

부록

한책협 출신 저자들의
진솔하고 생생한 후기

주이슬 작가

33세, 한국주식투자코칭협회 대표, 〈한국주식투자코칭협회〉 유튜버, 저서 《주식투자 이렇게 쉬웠어?》 외 7권

반드시 부자가 되는 원리를 배우다

내 인생의 가장 큰 전환점은 한책협을 만난 것이다. 한책협을 만나고 사회초년생 시절 은행원이 되고 싶었던 꿈을 이루었다. 그렇게 꿈의 직장이었던 새마을금고에서 5년 동안 열정을 다해 일했다. 야근을 밥 먹듯 하며 노력했지만, 더는 발전하지 못하는 기분이었다. 가장 절망적이었던 것은 미래의 내 모습이 기대되지 않는다는 것이었다. 이대로만 있을 수는 없다는 생각이 들었다. 많은 직장인이 손쉽게 시작하는 주식 투자를 하며 경제적 자유인을 꿈꾸었지만 쉽지 않았다. 그래서 주말을 이용해 틈틈이 부동산 공부를 하기로 마음먹었다.

부동산 강의를 듣던 중 강사님이 책 쓰기 수업을 듣고 작가가 되었다는 사실을 알았다. 나에게는 부동산 강사라는 사실보다 책을 쓴 작가님이라는 것이 더 대단해 보였다. 강사님의 멘토가 수많은 사람의 책 쓰기를 도와준 김태광 작가님이라는 것을 알게 되었고, 나는 주저하지 않고 바로 한책협의 책 쓰기 특강을 신청했다. 그렇게 나의 인생

을 서행차선에서 추월차선으로 바꾸어준 인생 멘토 김태광 대표님을 만나게 되었다.

처음 책 쓰기를 배우러 갔을 때 나는 꿈에 부풀어 있었다. 김 대표님이 기획해주신 책 쓰기 주제는 주식이었다. 주식 관련 책을 쓰리라고는 전혀 예상치 못한 내게 김 대표님은 말했다. 많은 사람이 어려워하는 주식 투자를 너는 직장에 다니면서 하고 있으니, 그 지혜를 나누어 주어야 한다고. 그 말씀을 듣고 얼마나 가슴이 뛰었는지 모른다.

"성공해서 책을 쓰는 것이 아니라 책을 써야 성공한다!" 김 대표님이 하신 말씀 중 가장 내 가슴을 뛰게 한 문구다. 그동안 그렇게 바라왔던 성공의 마스터키를 얻은 기분이었다. 그리고 그것은 사실이었다. 김 대표님께 책 쓰기를 배운 후 여덟 번째 되는 책이 곧 출간된다. 평범했던 내가 책 쓰기를 통해 독자에서 작가로 위치가 바뀌었다. 가족들은 나를 가문의 자랑이라고 치켜세웠다. 살면서 이렇게 크게 인정받은 적이 없었다. 어디를 가든 작가의 삶을 살 수 있다는 것은 축복이다.

새마을금고에 7시 30분까지 출근하고 집에 돌아와 12시가 되면 새벽 2시까지 원고를 쓰고 잤다. 수업시간에 배운 대로 실행하니 원고가 정말 술술 쓰였다. 진정한 멘토를 만났던 만큼 단기간에 책을 쓸 수 있었다. 만약 혼자 시도하려 했다면 주제도 이상했겠지만, 첫 원고를 완성하지도 못했을 것이다.

나는 인생을 모두 멘토인 김 대표님께 배웠다. 포기하지 않는 집념과 빠른 실력력, 자신이 직접 경험하고 얻은 지혜를 나누어 주는 포용

력과 리더십까지, 인생을 받쳐 주는 모든 것을 알려주셨다. 김 대표님을 만나 나는 단기간에 작가가 되고 강사가 되었다. 지금은 월 매출 3,000만 원을 달성하며 꿈꾸었던 경제적 자유를 누리고 있다.

나의 근원을 알게 해주신 의식 멘토로서 김 대표님은 정말 내가 아는 모든 사람 중 의식의 근원에 가장 가까운 분이다. 지금은 유튜브와 책을 통해 많은 사람이 끌어당김의 법칙과 우주의 법칙을 깨닫고 있다. 하지만 의식을 통해 현실을 바꾸는 가장 강력한 방법과 힘을 삶에 구체적으로 적용하도록 알려준 분은 김 대표님뿐이었다.

내 인생의 가장 큰 전환점은 한책협을 만난 것이고, 김 대표님께 코칭받은 것이다. 김 대표님은 한책협에 마련되어 있는 각 과정을 통해 책 쓰기뿐만 아니라 성공에 필요한 마인드와 의식까지 모두 알려주신다. 수강생이 진심으로 잘되기를 바라는 마음으로 진짜 지혜를 전해주신다. 그 때문에 무엇보다도 빠르게 결과가 나오는 게 아닐까. 답을 몰라서 방황하던 나를 명확한 꿈을 가지고 살게 해주신 김 대표님께 진심으로 감사드린다.

하동균 작가

40세, 오너비즈 대표, 에즈금융서비스 팀장, 〈파이더TV〉 유튜버, 저서 《나는 자본금 0원으로 창업했다》

'이렇게' 했더니 남들 무궁화호 탈 때 나는 KTX 타고 간다

나는 2018년 1월에 진짜 내 인생이 시작되었다고 말한다. 2018년 1월 이전에는 내가 원하는 것을 드러내기보다 오로지 세상 흐름에 맞춰 살았기 때문이다. 700만 원의 월급을 준다는 말에 부사관에 지원해 20대를 온통 직업 군인으로만 살았다. 그러다 30대는 오롯이 나 자신을 위한 삶을 살고 싶었다. 그렇게 준비도 없이 2012년 3월에 전역했다. 하지만 사회는 준비 없이 뛰쳐나온, 철없는 30세 남자를 받아줄 만큼 호락호락하지 않았다.

준비 없이 나왔으니 인생의 주도권도 없었다. 주도권이 없으니 원하는 일을 할 수도 없었다. 할 줄 아는 게 없어서, 아버지가 하시는 일에 몸담았다. 그 와중에 결혼도 했다. 부모님은 사시던 아파트까지 내 신혼집으로 내주셨다. 나는 그 과정에 아무것도 보탠 것이 없었다.

그렇게 5년이라는 시간이 다시 흘렀고, 마지막이라는 생각으로 2018년 1월부터 보험설계사로 일하기 시작했다. 비상금 500만 원으

로 서울에 원룸을 구했고, 대구와 서울을 오가며 일했다. 나는 보험설계사로 일하면서 많이 바뀌었다. 배움의 소중함을 알게 되었고, 학생 때도 보지 않았던 책을 보기 시작했다. 그리고 언젠가는 책을 써서 나처럼 방황하는 사람들에게 도움을 주리라 마음먹었다.

책을 읽기만 했던 내가 책을 쓰려니 시작도 할 수 없었다. 책 쓰기에 관련된 책이나 강의도 들었지만 무용지물이었다. 모든 이야기가 진부할 뿐이었다. 포기할까 생각하고 있을 때 한책협 김태광 대표님 특강 홍보가 눈에 들어왔다. 특강 강사는 25년 동안 1,500여 권의 책을 기획하고, 300여 권을 집필했으며, 12년간 1,100명의 작가까지 배출했다는, 화려한 이력을 자랑하고 있었다. 믿기지 않는 이력이었지만, 이왕 배우려면 최고에게 배우자는 마음이 들었다.

특강 후에 일대일 컨설팅도 받았다. 그런데 책 쓰기 관련 보통의 방식과 달리 김 대표님의 책 쓰기 코칭은 특별했다. 김 대표님은 먼저 자기소개서를 작성해보라고 하셨다. 자신의 삶을 돌아보고, 그 속에서 지금 가장 잘할 수 있는 주제를 찾아 시작하는 것. 그게 가장 좋은 책 쓰기 방법이라고 하시면서.

김 대표님은 개인별 맞춤 주제는 물론, 제목, 목차, 서론과 본론 쓰기, 문단 나누는 법, 초고 작성 및 탈고 방법, 출판사와 계약하는 방법까지, 책 쓰기의 전 과정을 알려주셨다. 책 쓰기 방법만이 아닌, 작가가 되는 방법을 알려주신 셈이다. 특히, 김 대표님은 목숨 걸고 코칭한다고 자주 말씀하셨는데, 그만큼 밀착된 피드백을 받을 수 있었다. 나아가 작가만을 위한 유튜브, 인스타, 블로그 마케팅 방법, 퍼스널 브랜딩 등 무자본 창업의 모든 노하우를 알려주셨다.

또한, 책 쓰기뿐만 아니라 삶을 살아가는 방법, 의식성장, 사람을 대하는 방법 등 인생의 모든 것을 하나하나 알려주셨다. 책을 읽다가 좋은 구절이 있으면 공유해주셨고, 항상 긍정적으로 생각하도록 독려하셨다. 김 대표님의 가르침 덕분에 나는 점점 긍정적으로 사고하고 할 수 있다는 자신감을 가지게 되었다.

이렇게 탁월한 가르침과 기운을 받아서 책 쓰기를 시작한 지 5주 만에 출판사와 출판 계약을 맺게 되었다. 그것도 대표님이 코칭해준 콘셉트와 목차, 그리고 일부 원고 내용만으로 말이다. 감사하게도 2023년 1월에는 한책협 소속작가로 활동하는 영광스러운 기회까지 잡았다. 너무나 감사한 일이 계속되고 있다.

2018년 1월에 진짜 내 인생이 시작되었다면, 2022년 8월은 내 인생의 멘토를 만나 인생 2막을 열어젖힌 날이다. 이를 기화로 내 삶은 소비자의 삶에서 생산자의 삶으로 바뀌었다. 올바른 배움과 가르침을 바탕으로 내가 경험하고 배운 것을 전파하는 메신저로 살아갈 수 있게 되었다.

이 모든 일이 김 대표님을 만난 후 시작되었다. 인생을 살면서 누구를 만나는가에 따라 우리는 변화와 발전을 거듭하게 된다. 김 대표님의 올바른 가르침에 따라 배우고 익히며, 나도 주변에 선한 영향력을 끼치는 사람이 될 것이다. 항상 감사한 마음으로 살아갈 것이다.

최윤슬 작가

22세, 대학 휴학 중, 〈윤슬TV〉 유튜버, 저서 《생초보, 위탁판매 하루 만에
끝장내기》 출간 예정

책 쓰기 일타강사이자 퍼스널 브랜딩 분야의 톱이신 김태광 대표님
을 알게 된 것은 김 대표님의 배우자 권동희 대표님이 운영하는 유튜
브 〈인생라떼 권마담〉 채널 덕분이다. 자기계발, 동기부여 영상을 즐겨
봤던 내게 때마침 알고리즘이 그 영상을 띄워주었고, 그 이후 자석처
럼 이끌려 김 대표님까지 만나게 되었다.

평범한 22세 대학생이던 내가 어떻게 책을 쓰게 되었는지 궁금한
가? 나도 신기할 뿐이다. 2022년 여름 교보문고에서 베스트셀러인 자
청의 《역행자》를 봤다. 책에는 평범한 사람이 성공하려면 '22법칙'을
활용하라는 내용이 있었다. '22법칙'이란 하루 2시간 동안 글을 읽고,
글을 쓰라는 것이다. 평소 책 읽기를 좋아했지만, 글쓰기는 해본 적이
없었던 터라, 내 이야기는 아니라며 넘어갔던 기억이 있다.

그랬지만, 그때부터 내 잠재의식에 똬리를 틀고 있던, 글쓰기에 대

한 열망이 피어난 듯하다. 그러다가 〈인생라떼 권마담〉 유튜브 라이브를 보게 되었고, 작가가 되고 싶다는 열망은 더더욱 샘솟았다. 그러나 앞서 말했듯이 평범한 대학생일 뿐인 내가 어떻게 책을 쓸 수 있을지, 난감했다.

그런데 한책협에서는 그게 가능했다. "성공해서 책을 쓰는 것이 아니라 책을 써야 성공한다." 나에게는 너무 충격적인 말이었다. 내 고정관념을 완전히 깨버린 말이었다. 나는 한책협의 책 쓰기 과정에 등록했다.

대학교 1학년이던 2020년, 나는 코로나19로 인해 비대면 수업을 받게 되었다. 그때 나는 그 위기를 기회로 활용했다. 온라인 사업을 시작한 것이다. 사업 아이템은 '위탁판매'였다. 그렇게 3년 동안 위탁판매 사업을 했지만, 한 번도 이 사업에 자신이 있었던 적은 없었다.

그런데 김 대표님께서 내게 정해주신 주제가 바로 위탁판매였다. 처음에는 자신이 없어서 망설였다. 그러다 전문가의 혜안을 믿고, 위탁판매를 주제로 책 쓰기를 시작했다. 그러자 정말 내 사업에 대해 자신감이 생기기 시작했다. 실제로 책이 나오기도 전에 컨설팅을 여러 건 진행할 수 있었다.

김 대표님이 주제를 정해주신 이후 책 쓰기 과정을 통해 제목, 장 제목, 꼭지 제목, 목차가 완성되어갔다. 그 과정은 신기함 그 자체였다. 내가 만약 혼자 책 쓰기를 시작하겠다는 만용을 부렸다면 의심과 불확신 속에서 금세 포기했을 것이다. 그러나 제목과 목차를 뽑아준 전문가를 믿었기 때문에 자신감 있게 글을 써 내려갈 수 있었다.

내가 책을 쓴다고 하니, 나를 바라보는 주변의 시선이나 내 시간을 대하는 태도가 백팔십도로 달라졌다. 나는 똑같이 바쁜 사람일 뿐인데도 내가 책을 쓰는 작가가 되었다고 하니 나를 존귀하게 여기는 것이었다. 같은 시간을 써도 그 시간을 더 존중해주었다.

다른 사람들이 나를 대하는 태도가 이렇게 달라졌을 뿐 아니라 내가 나를 대하는 태도도 달라졌다. 앞서 말했던 것처럼 나는 내 사업에 자신이 없었다. 그러나 책 쓰기를 통해서 기존의 내 사업에 자신감을 가지게 되었다. 또한, 책을 쓰면서 더 공부하고 정보를 찾아보며 점점 전문가가 되어간다는 믿음이 피어올랐다.

이뿐만 아니라 김 대표님의 코칭에는 특별한 점이 있었다. 바로 '의식성장'이다. 다른 곳에서 배웠다면, 책 쓰기 기술만 습득했을 것이다. 그러나 한책협은 책 쓰기 기술만 가르치지 않았다. 끝까지 책을 완성할 수 있도록 동기부여 해주었다. 또한, 거기에 그치지 않고 잠재의식, 영성, 의식성장 등 세상에서는 배우지 못할 귀한 깨달음을 얻으며 정신력을 강화할 수 있었다.

김 대표님을 알고, 책을 쓰는 작가가 되고 난 후, ABC엔터테인먼트 소속작가로서 위탁판매 컨설팅도 하게 되었다. 대표님들의 조언과 도움을 받으면서 본업도 열심히 하는, 진짜 전문가가 되었다. 평범한 대학생, 평범한 사업가로 살 수 있었던 나를 특별한 작가, 대학생, 사업가로 만들어주신 김 대표님께 정말 감사드린다.

그 누구도 믿어주지 않고, 열악하기만 한 환경 속에서 최고의 자리에까지 오른 대표님. 그분의 삶을 보면서 지금의 상황이 어떠할지라도 이겨낼 수 있다는 큰 힘과 위로를 얻을 수 있었다. 내 작가명은 '윤슬'이다. 윤슬이란, 햇빛이나 달빛에 비치어 반짝이는 잔물결이라는 뜻이다.

이 이름 윤슬의 특징은 햇빛이나 달빛 없이 홀로 빛나지 못한다는 것이다. 나 혼자서는 아무리 노력해도 아름답게 반짝일 수 없다는 말이다. 그러나 햇빛, 달빛 같은 멘토님들이 있어 나는 아름답게 빛날 수 있다. 매일 떠오르는 태양이신 김 대표님의 빛을 받아서 매일 빛나는 윤슬 작가가 될 것이다. 함께할 수 있어 영광이다.

강진하 작가

만 38세, 한국행동교육훈련단 부대표, 〈협력놀이연구소〉 소장, 저서 《협력놀이》

나는 한책협 125기 수료생이자, 저서 《협력놀이》의 저자이기도 하다. 그리고 이 책 내용을 바탕으로 학교 및 다양한 기관을 상대로 협력놀이, 팀 빌딩, 행사, 축제 기업체 교육사업을 하고 있다. 나는 한책협에서 한 달 만에 초고를 완성하고, 동전이 뒤집히듯 순식간에 위치가 바뀐 삶을 누리고 있다. 몸값이 10배나 오른, 행복한 작가의 삶을 살아가고 있다. 자존감이 낮았던 내가 책을 쓴 후 감사하며 살아가는 이 삶 자체가 기적이다.

나는 제주도 시골에서 6남매 중 막내로 태어났다. 그야말로 평범한 가정의 딸이다. 유아기 시절 나는 동네에서 말을 잘하는 아이였다. 제주도 방언으로 '말벨레기'라는 별명이 붙여질 정도였다. 동네 어른들이 총출동해 나를 울리려고 말장난하며 시비를 걸곤 했다. 그때 어른들은 나의 말재간을 못 당하겠다는 듯 웃으며 되돌아가곤 했다.

그랬던 내가 언제부터인가 입을 닫게 되었다. 그리고 시선이 나에게 집중될 때의 두려움이 공포로 번지곤 했다. 나보다 열세 살이 많은 큰오빠는 나와 작은오빠에게 이유 없이 폭력을 행사했다. 우리에게 '나'라는 1인칭은 허용되지 않았다. 그 트라우마로 인한 불안과 공포에서 비롯된 서투른 감정 표현은 내게 '황소고집'이라는 별명을 안겨주었다.

지금 생각해보니 오빠의 폭력도 고달팠지만, 무엇보다 부모님의 무기력함이 나에게는 큰 상처였다. 이유 없는 내 공포가 큰오빠의 폭력으로부터 나를 보호해주지 못한, 부모님에 대한 원망 때문이라는 것도 몰랐다. 이제 내가 3남매의 부모가 되어보니 우리 부모님의 처신이 이해되고 용서된다. 그래도 사랑을 주려 노력했던 부모님의 애씀이 지금껏 내가 어려운 삶을 헤쳐나온 원동력이 되어주었으니까.

코로나19로 인해 나에게는 참 많은 변화가 있었다. 그중 하나는 내가 하브루타 부모교육연구소에서 따뜻한 소식을 전하는 기자로 일하게 된 것이다. 기자 일을 하면서 나는 낮은 내 자존감을 확인하게 되었다. 나는 내 부족한 능력과 낮은 자존감을 다른 기자들에게 들키지 않으려 안간힘을 썼다. 그렇게 스스로 사서 고통을 껴안았다.

함께 일하는 동료들의 많은 격려와 응원에도 '팀에 방해가 되지 않을까?, 민폐 기자가 되는 것은 아닐까?' 노심초사했다. 내 자존감은 바닥을 기었지만, 나는 진심으로 내 마음처럼 따뜻한 소식을 전하고 싶었다. 글도 잘 쓰고 싶었다. 그런 생각들이 내 머릿속에서 맴돌았다.

나는 해결책을 찾으러 도서관에 갔다. 그런데 거기서 《나를 사랑하게 되는 자존감 회복 글쓰기 훈련 : 매일 저녁, 아침이 기다려지는 기적의 글쓰기 루틴》이라는 책을 보게 되었다. 글솜씨가 없는 나에게 기자라는 직함은 어깨를 무겁게 짓누르는 짐과 같았다. 그랬던 내가 이 책을 통해 자존감을 되찾고, 높은 직업의 벽을 깨부술 수 있었다. 내 실체가 낱낱이 들통난 기자라는 직함에 짓눌려 있던 내게 우연히 찾아온 행운 같은 책이었다. 한책협 출신 작가들의 진솔한 이야기가 담긴 그 책 한 권이 내 인생을 통째로 바꿔 놓았다.

자존감을 높이고자 집어 들었던 책 한 권이 한책협과 인연을 맺어주었다. 그곳에서 나는 김태광 대표님의 코치를 받으며 2주 만에 출판계약을 하고, 한 달 만에 초고를 완성했다. 그야말로 번갯불에 콩 볶아 먹듯 초고를 완성한 셈이다.

운동만 했던 내가 한 권의 책을 완성할 수 있었던 데는 또 다른 비결이 있었다. 영적으로 성장하도록 내 멘털을 키워주신 김 대표님의 목숨 건 코칭이 바로 그것이다. 나는 네이버 카페 운영 방법을 비롯해 중간중간 어려움이 있을 때마다 김 대표님의 도움을 받았다.

내가 책 쓰기를 하지 않았더라면 어땠을까? 여태껏 나 자신을 나약한 존재로 인식하고, 나의 영혼을 갉아먹으며 평범한 삶을 살았을 것이다. 글쓰기 작업은 내가 주체자가 되어 나를 알아가는 시간이었다. 백지장을 하니하니 채워가는 느낌으로 시작한 그 작업을 통해 새가슴이었던 내가 제법 대범한 사업가로 변신하고 있다.

이제 나는 나에 대해 더 알고 싶어졌다. 책을 읽고, 책을 쓰며 결국은 작가가 되고 보니, 내가 하고 싶은 일들이 봇물 터지듯 생겨났다. 그것들을 남편과 함께 나누며 명확한 목적지를 향해 나아가고 있다.

한책협의 도움을 받아 책을 낸 작가의 삶을 사는 지금, 입을 닫고 지냈던 지난 30년 동안의 나를 떨쳐내고 〈세바시〉에 도전하려 한다. 이제는 내가 일 능력이 부족하다는 사실을 받아들이게 되었다. 그리고 그것을 숨기지 않을 만큼 단단해졌다.

무엇보다 중요한 것은 불안했던 내 마음이 책을 쓰며, 나에 대한 확신으로 바뀌는 진귀한 경험을 했다는 것이다. 나는 내 생각과 경험을 글로 남기는 과정을 통해 명확한 목표를 세우고 그곳을 향해 나아가고 있다.

무엇보다 나는 내면의 어린 나를 만나며 지내고 있다. 아이들을 만나는 것은 정말 행복한 일이다. 협력놀이로 많은 아이의 인성과 문제해결 능력, 내면의 힘을 키워주려 연구하고 노력한다. 협력놀이로 소통하며 아이들의 마음에 빛을 되찾아줄 것이다. 그렇게 사회 구성원으로서 온전히 살아갈 수 있도록 도와줄 것이다.

나의 최종 목적지는 '10년 후 여행연수원 원장이 되는 것'이다. 그곳을 많은 가족과 기업이 행복해하며 소통하는 장소로 만들 것이다. 많은 사람이 행복하게 성장하는 장소로 만들 것이다.

나는 앞으로도 많은 부모와 아이들을 만나며, 그들의 자존감을 높이는 연구를 해나갈 것이다. 많은 분이 내가 세상을 바르게 바라보는 단단한 사람으로 성장해 나가기를 바라기 때문이다.

마지막으로 나에게 작가의 삶이란 어떤 의미일까? 나를 돌아보는 성찰의 과정을 통해 나를 만나는 과정이 아닐까? 이런 나의 보호자 역할을 해주는 것이 책이다. 작가의 삶 자체가 나에게 빛이 되어주고 있다. 이런 행운과 행복을 가져다준 한책협 김 대표님께 진심으로 감사드린다.

고재석 작가

만 42세, 〈관계코칭연구소〉 대표, 저서 《꼬인 관계를 풀어주는 에니어그램 관계 수업》

빠르게 성공하는 사람들은 책 쓰기가 그 기본이라 생각한다

나는 새로운 인생을 준비하기 위해 다니던 직장을 그만두었다. 그러곤 사업을 하며 지내고 있었다. 그사이 생각만 하고 있던 책 쓰기에 도전해보고 싶은 마음이 들었다.

그리고 인터넷을 검색하다 우연히 한책협이라는 네이버 카페를 알게 되었다. 카페의 많은 회원들이 책을 쓰고 있었고, 책을 출간한 사례들이 카페 게시판에 올라왔다. 그것을 보면서 나도 한번 해봐야겠다고 마음먹었다. 하지만 여전히 책 쓰기는 나에게 버겁게 여겨졌다. 자신감이 부족한 탓이었다.

그러다 김태광 대표코치를 만나게 되었다. 이분은 책 쓰기를 자신 없어 하는 나에게 충분히 할 수 있다며 자신만 믿고 따라오라고 했다. 그때 내가 결정적으로 그를 신뢰하게 된 한마디는 "목숨 걸고 코칭하겠습니다"라는 말이었다. 저 정도면 나도 해낼 수 있겠다는 확신이 들었다. 그리고 2022년 5월 나는 책 쓰기 과정에 등록했다.

한책협에서 책을 쓰면 몇 가지 강력한 동기유발을 받게 된다.

첫째, 김태광 대표코치는 책 쓰기 과정에 등록하는 순간부터 수강생을 마치 국가대표 선수가 된 듯 몰아친다. 그게 무데뽀로 그런다는 말은 아니다. 오히려 과정 자체는 아주 쉽고 재미있다. 그저 다른 여러 곳에 관심이 쏠려 있는 우리를 목표만을 바라보도록 끊임없이 담금질한다는 뜻이다. 다른 관심을 줄이고 책 쓰기 하나에만 몰입하도록 이끌어준다는 뜻이다.

물론 책 쓰는 여정이 녹록한 것은 아니다. 스스로 감당해내야 할 지난한 과정들이 존재한다. 포기하고 싶은 마음도 계속 올라온다. 그러할 때 계속해서 책 쓰기라는 목표에 집중하도록 도와준다는 뜻이다. 그렇게 겪어낸 힘들었던, 그 의미 있는 시간은 책을 출간하고 나면 오히려 그리워지기도 한다.

둘째, 책만 쓰는 것이 아니라 멘털 교육까지 받게 된다. 국가대표선수들은 금메달을 따는 순간을 날마다 상상하고 느끼게끔 마인드 컨트롤을 한다고 들었다. 이처럼 한책협에서도 책이 출간되고 베스트셀러가 되어 강연가가 되는 모습까지, 이어서 1인 창업가가 되는 모습까지 상상하도록 멘털 강화 훈련을 받는다. 결과를 미리 상상하고 책을 쓰도록 계속해서 훈련받는다. 실제로 교육과정에는 '강연 과정'과 '1인 창업 과정'도 있다.

셋째, 한책협의 선후배들과 동기들은 서로의 사기를 강력하게 북돋

우며 서로를 응원한다. 그렇게 혼자서는 어려운 과정을 함께함으로써 다른 어느 곳보다 빠르게 책을 펴낼 수 있는 것이다.

한책협의 교육은 여러 면에 도움을 준다. 그중에서도 가장 크게 유익한 점은 두려움에서 벗어나게 해준다는 것이다. 여기서 말하는 두려움이란 자신을 알리고 드러내는 것에 대한 두려움이다. 많은 사람이 책을 쓰고, 유튜브를 개설하며, 강연하는 삶을 살 수 있도록 유명해지고 싶어 한다. 그러나 정작 자신을 드러내는 데 따르는 두려움을 떨쳐내는 것은 어려워한다. 한책협은 이 부분에도 큰 도움을 준다.

책 쓰기 과정을 밟고 책 출간이라는 결과를 빚어낸 것만으로도 이미 값진 경험을 한 셈이다. 하지만 책 출간이 가져다주는 그보다 더 값진 선물은 내가 원했던 꿈에 확실히 더 가까워지게 만들어준다는 것이다. 사람들에게 전하고 싶고, 알려주고 싶은 나의 경험과 깨달음을 전달하는 행복한 삶을 살게 해준다는 것이다. 작가가 되고 나니 주위의 많은 사람이 나의 경험과 지식을 대단하게 생각하고 인정해준다. 심지어 요즘은 동네 카페 사장님까지도 나를 대단하게 여긴다. 카페에 와주는 것만으로도 고마워하면서 말이나.

현재 내 책《꼬인 관계를 풀어주는 에니어그램 관계 수업》은 출간 일주일 만에 2쇄를 찍으며 베스트셀러가 되었다. 더불어 요즘 나는 강연과 교육도 진행하고 있다. 그동안 내가 꿈꾸어 왔던 삶을 살아가고 있는 셈이다. 이렇게 책 쓰기는 내 꿈을 더 크게 성장시켜 주는 커다란

발판이 되어 주고 있다. 한책협과 김태광 대표코치에게 이 지면을 빌려 고마움과 감사함을 전하고 싶다.

황서희 작가

만 35세, 온라인쇼핑몰 대표, 저서 《나는 지금 부자가 되어가는 중입니다 만》 출간 예정

사람마다 굵직한 인생의 장을 저마다의 무게로 채워가곤 한다. 또한, 그 장의 무게는 사람마다 달라, 본인 인생의 짐을 덜기 위한 해결책을 찾아 나서곤 한다. 나 또한 내 인생이 순탄하지만은 않다고 느꼈을 때, 세상의 돈 공부를 하리라 마음먹었다. 그때 우연히 책 한 권을 통해 주식 투자 멘토님을 만났다. 그리고 그 매개체였던 책이 한책협의 김태광 대표코치님을 만남으로써 세상에 나왔다는 사실을 알게 되었다.

평소 글쓰기에 대해 생각해본 적은 있어도, 나 자신이 책을 쓸 수 있을 거라곤 생각해보지 못했다. 그래서 책 쓰기를 권유받았을 때 '이루어 놓은 것도 없는데, 어떻게 내가 책을 쓸 수 있을까?'라는 생각이 먼저 들었다. 책을 써야 하는 이유를 깨닫지 못한 탓이었다.

그럼에도 불구하고 나는 마음속 한편에 책 쓰기에 대한 열망이 잠재해 있음을 알아챘다. 나 자신에 대한 확신은 없었지만 말이다. 낮은

자존감이 문제였다. 동탄 한책협에서 열리는 김 대표님의 의식성장 특강을 듣게 된 게 바로 그때였다. 그동안 마음이 항상 무언가에 짓눌려 있는 것 같은 느낌, 소중한 인생을 꾸역꾸역 살아내고 있다는 느낌이 어디서 비롯된 것인지 깨닫는 순간이었다. 내가 마주한 문제와 현실들은 모두 나 자신이 마주하리라 결정한 것들이었다. 내 마음과 의식을 돌아봐야 한다는 사실을 나는 그때 처음 깨달았다.

또 한 가지 중요한 것은, 우리가 살아가는 현실세계를 어떻게 바라봐야 할 것인가였다. 우리가 사는 이 현실은 브랜딩과 마케팅이 전부인 세계였다. 결국, 브랜딩과 마케팅을 하는 사람과 하지 않는 사람의 삶은 극명하게 갈릴 수밖에 없었다. 그렇다면 현재 내게 주어진 선택지는 무엇일까? 김 대표님께서 바로 명쾌하게 해답을 내려주셨다. 퍼스널 브랜딩만이 답이라고 말이다.

나는 책을 쓰기 전 독서와 자기계발에 진심이었다. 조금 더 나아진 삶을 살고 싶었기 때문이다. 그래서 남들보다 더 열심히 나 자신을 계발해야겠다고 생각했고, 더욱더 독서와 세상 공부에 매진했다. 하지만 마음의 울림은 느낄지언정 내 삶이 변화되지는 않았다.

그때였다. "아웃풋이 없는 독서와 자기계발은 의미가 없다"라는 김 대표님의 말씀에 큰 충격을 받은 것은. 나는 내가 지금껏 옳다고 생각해온 모든 것에 변화가 시급함을 느꼈다. 나는 만사를 제쳐놓고 김 대표님에게 꼭 책 쓰기를 배워야겠다고 마음먹고 바로 실행했다. 진정한 자기계발이 되려면 나에게는 아웃풋이 필요했다. 내게 긍정적인 변화가 있어야 했다.

김 대표님을 만나면서 나는 내가 왜 책을 써야 하는지, 강력하게 동기부여를 받았다. 그렇게 책 쓰기 과정을 시작했다. 약 5주간의 '책 쓰기 과정' 수업을 수강하는 동안, 정말 놀라운 일이 연속해서 일어났다. 한 주가 지날 때마다 책 제목과 목차와 꼭지 제목이 연이어 정해졌다. 그러곤 한 달이 채 되기도 전에 출판사와 출판 계약을 할 수 있었다. 김 대표님께서 정해주신 콘셉트 그대로였다.

이렇게 대단한 일을 그렇게 단시간에 이루어낼 수 있었던 이유는 너무나도 명백했다. 책 쓰기의 최고 전문가인 김 대표님을 만났기 때문이었다. 김 대표님은 책 쓰기뿐만 아니라 앞으로 어떤 마인드를 가져야 성공자의 삶을 살아갈 수 있는지 등, 정말 내 인생의 멘토가 되어 아낌없는 조언과 따뜻한 응원을 보내주셨다. 그렇게 나는 내 인생의 귀인을 만나 작가가 되었고, 인생 2막을 시작했다.

책 쓰기는 나에게 내가 살아온 인생을 되돌아보는 기회를 주었다. 나를 둘러싼 주변환경과 상황들은 모두 나의 선택에 의해 만들어진 것들이었다. 또한, 이는 나의 마음과 생각에서 비롯된 것들이었다. 이 모든 것을 깨닫고 인지하면서부터 비로소 내가 지금보다 더 나은 삶을 살 수 있겠다는 확신이 들었다. 이런 강한 확신과 더불어 큰 동기부여도 받았는데, 그것은 모두 김 대표님의 말씀대로 내 의식수준의 상태를 되돌아본 덕분이었다. 책을 쓰며 생긴 내면의 의식변화 덕분이었다.

김 대표님께서는 항상 내게 말씀하셨다. 나의 의식수준을 바꾸면 내면세계에 변화가 일어나고, 이는 곧 현실세계의 모든 것들의 변화로 이어진다고 말이다. 대표님은 원하고 바라는 것이 있으면, 그것을 강력하게 시각화해 상상하라고 하셨다. 그럼으로써 이미 원하는 것을 얻었다는 마음과 감정을 가지라고 항상 강조하셨다.

나는 이런 김 대표님의 가르침을 하나하나 실행해 나가고 있다. 그리고 나의 삶은 이미 내가 원하고 바라는 대로 달라지고 있다. 세상의 그 어떤 공부와 원리보다 중요한 인생 공부를 나는 책 쓰기를 통해 한 셈이다. 내게 인생 2막을 열어주신 김 대표님께 진심으로 감사한 마음을 전한다.

김교빈 작가

43세, 미술교사, 화가, 저서 《명화에게 말을 걸다》 출간 예정

'진짜 나'를 만나는 치유의 글쓰기

나는 몇 년 전, 인생의 큰 전환점을 맞았다. 마음의 상처 때문에 밤마다 잠들지 못했던 때가 있었다. 그럴 때마다 내가 의지한 것은 오로지 책이었다. 다양한 장르의 책은 내가 모르는 새로운 세계 안에서 나만의 코드를 찾아가는 즐거움을 안겨주었다. 나는 행복한 삶을 살고 싶었고, 더 성숙한 사람이 되려는 욕망이 매우 컸었다.

독서를 하면서 나는 자연스럽게 내 생각을 일기장에 끄적이기 시작했다. SNS를 이용한 글쓰기도 해봤다. 글을 쓰는 동안 나도 몰랐던 내 내면에 숨겨진 마음들을 알게 되었고, 깊은 위로와 위안도 얻었다.

그러다 꿈이 생겼다. 처음에는 '나도 작가가 되어보고 싶다'라는 막연한 희망을 가졌을 뿐이다. 그러다 작가가 되는 방법에 관한 책을 검색해서 전부 구입했다. 그러곤 손에 집히는 대로 그 책들을 읽기 시작했다. 명쾌한 방법이나 절차를 기대했지만 대부분 실망을 주며 끝났다.

그러던 어느 날 노란색 책이 눈에 띄었다. 《가장 빨리 작가 되는 법》
이라는 제목의 책이었다. 뭔가 제목부터가 명쾌해서 빠른 속도로 읽어
나갔다. "자신이 평범하다고 생각할수록 무조건 책을 써야 한다"라는
문장에서 내 가슴이 뛰기 시작했다. 책은 출판사와 독자가 원하는 제
목, 한눈에 꽂히는 목차를 만드는 법, 출간계획서 작성법, 1개월 안에
초고 완성하는 법, 프로필 쓰는 법 등 매우 현실적인 문제들을 적나라
하게 다루고 있었다.

나는 이렇게 저렇게 하다 보면 언젠가는 알아줄 날이 있을 거라는
식의 빙빙 돌리는 말을 정말로 싫어한다. 지금까지 내 인생은 돌고 돌
다 겨우 여기에 이르렀다. 그 탓에 나는 이미 지칠 대로 지친 상태다.
그런데 이 책은 보는 내내 정말 통쾌했다. 답답하게 빙빙 돌려 말하지
도 않고, 문체에서는 힘이 느껴졌다. 멋진 말만 늘어놓지도 않았다. 독
설처럼 들리는 말들이기도 했다.

나에게는 바로 이런 책이 필요했다. 너무 독설을 퍼부어 약간 혼나
는 듯도 했지만, 해결책이 있으니 더는 걱정하지 말라는 따뜻한 치료
제까지 거친 듯 알차게 던져주고 있었다. 휴대전화 번호까지 남긴 것
은 덤으로 봐야 할까?

살다 살다 이런 저자는 처음 봤다. 자신의 책에 휴대전화 번호를 남
기다니. 보통의 저자는 만나기도 쉽지 않은데 대놓고 찾아오라는 말
아닌가. 어찌 되었든 일단 저장부터 하고 봤다.

무작정 한책협을 방문한 것도 그래서였다. 한책협은 내게 성공할

수 있을 거라는 희망을 처음으로 갖게 해줬다. 처음에는 그저 내 말에 힘이 실리게 하고, 나를 브랜딩하는 것이 목적이었다. 하지만 한책협의 책 쓰기 과정을 들으면서 나는 섬광 같은 희망을 봤다.

책을 출간하면 그때부터 책 한 권을 통해 수입 파이프라인이 창출된다고 했다. 그뿐만 아니라 강연과 인터뷰, 방송 출연 요청에 이어 코치, 컨설턴트 등으로 활동하며 1인 기업가로 우뚝 설 수 있다고 했다. 이는 책 쓰기를 통해 인생 2막을 제대로 시작할 수 있다는 뜻 아닌가. 가슴이 뛰지 않을 수 없었다.

새로운 삶을 살고자 하는 욕망이 들끓던 내게 그 말들은 너무 강력하게 다가왔다. 첫째 날부터 뚜렷한 주제를 잡았고 목차완성까지는 채 한 달이 안 걸렸다. 어렵게만 생각되던 목차완성 노하우를 코치님은 전부 아낌없이 풀어놓으셨다.

내가 과제로 해간 그 많은 목차 중 김 대표님이 깊은 통찰력으로 옥석을 하나하나 가려주시는 것을 보며, 단번에 멋진 목차의 탄생을 직감할 수 있었다. 또한, 군더더기가 전혀 없는 깔끔하고 신속한 강의는 너무 만족감을 주었다.

나에게 시간은 금이다. 그래서 잡다한 수다로 시간을 잡아먹는 수업은 질색이다. 나에게 딱 맞춤한 대표님의 알찬 강의를 통해 나는 5주만에 책 쓰기 관련 노하우를 모두 습득했다. 오직 경험만이 이런 결과를 가져다줄 수 있다는 것을 실감하는 순간이었다.

그렇게 세상에 처음 공개되는 원고를 쓰기 시작했고, 한책협을 만난 지 43일 만에 기적이 일어났다. 김 대표님의 도움으로 출판사와 출판 계약을 하게 된 것이다. 출판사 대표님은 책 제목부터 목차, 스토리 전개, 그 모든 게 훌륭하다고 칭찬하셨다.

살면서 받을 모든 축하를 그날 한꺼번에 받은 듯하다. 한책협을 만난 지 겨우 43일 만이다. 그 시간에 출판 계약까지 이루어진다는 것은 누구도 상상하지 못할 일이다. 평범한 일반인의 원고를 믿고 계약해줄 출판사는 거의 없다고 생각하기 때문이리라.

모든 게 대표님 덕분이었다. 이렇게 평범한 나를 43일 만에 작가로 만들어주신 내 인생의 귀인 말이다. 아직도 믿기지 않아 하며 나는 요즘 너무 행복하고 편안하게 글을 쓰고 있다. 책 쓰기 과정 중 가장 좋았던 점은 많은 꿈을 꿀 수 있다는 것이었다. 특히, 나는 마음이 치유되는 경험을 했고, 그로 인해 사명감마저 가질 수 있게 되었다.

막상 내 이야기를 쓰다 보니 눈물이 마를 날이 없었다. 책 쓰기가 바로 나를 치유해주는 명답이었던 셈이다. 과거의 나를 돌아보며 내가 깨닫지 못했던 나의 이야기를 하나하나 글로 적어 가다 보니 또 하나의 목표가 생겼다.

나처럼 위기를 겪으며 보이지 않는 곳에 숨어 남몰래 울고 있는 사람을 나의 이야기로 간절히 위로해주고 싶었다. 인생 2막을 준비하거나 마음의 치유가 필요한 사람이 있다면, 한책협의 책 쓰기 과정을 적극적으로 추천한다. 훨씬 더 나은 나를 발견할 수 있게 도움이 되어줄 것이다.

게다가 빠르게 책 쓰는 방법과 출간에 이르는 방법들을 모두 알려준다. 독자에서 저자의 위치로 빠르게 신분을 상승시켜주고, 세상에 필요한 존재로 만들어준 한책협에 감사할 뿐이다. 세상의 한 줄기 빛이 되도록 나의 글을 세상에 공개할 수 있게 기회와 방법을 알려주신 김태광 대표님께 진심으로 감사 말씀을 전하고 싶다.

이상희 작가

41세, 경찰공무원, 저서 《나는 꿈꾸는 경찰관입니다》, 《현직 경찰관이 알려주는 학교폭력 대처법》

자기계발은 항상 사람들의 관심사다. 서점에 가보면 재테크, 성공, 자기계발과 같은 분야를 다룬 책들이 판매량 우선순위를 차지하고 있음을 알 수 있다. 그 이유를 알 것 같기도 하다. 나는 해마다 연초면 한 해 계획을 세우고 가계부를 작성하기 시작한다. '새로운 마음가짐으로 올 한 해를 시작하고 계획한 일을 반드시 달성하겠어!'라고 비장한 각오를 되새기면서.

그렇게 하루, 이틀, 사흘…. 점점 계획에 차질이 생기기 시작한다. '오늘 업무로 스트레스를 받았으니 ○○와 만나서 한잔해야지', '하루 운동 빠진다고 큰일 나는 것도 아니고…' 등등, 동기가 무색하게 계획한 일은 없었던 것이 되어 버린다. 사람들은 허탈해하며 연초가 되면 또다시 새롭게 각오를 다지곤 한다. 이를 잘 아는 자기계발, 동기부여, 성공 관련 책들은 공통으로 '실행과 지속성'을 외친다. 사람들이 대부분 '실행' 부분에서 미끄러져 기회조차 얻지 못한다는 사실을 알기 때문이다.

직장생활을 하며 예기치 않게 현실을 자각한 후 나는 부, 성공, 의식성장, 동기부여에 관한 책과 영상을 보기 시작했다. 그러다 200여 권의 책을 집필, 출간한 김태광 작가님을 알게 되었다. 무일푼 흙수저에서 100억의 자수성가 부자가 된 비결을 알고 싶었다. 그래서 《내가 100억 부자가 된 7가지 비밀》, 《100억 부자 생각의 필사 노트》를 읽으며 필사했다. 틈틈이 김 작가님의 의식성장, 동기부여 영상도 봤다.

그렇게 의식성장에 대해 몰랐던 지식을 알게 되었고, 사람이면 누구나 의식수준을 상승시킬 수 있다는 사실도 알게 되었다. 그리고 다른 사람들과 마찬가지였던 내가 김 작가님의 책, 영상을 접한 후 드디어 '실행'에 나섰다. '부'에 관한 책을 보는데 그 속에 미션이 있었다. 유명하고 존경하는 사람에게 이메일을 보내라는 것이었다. 나는 실천해보기로 했다.

머릿속에 딱 떠오른 사람은 김 작가님이었다. 이유는 김 작가님의 성공 스토리를 보며 '나도 성공하고 부자가 될 수 있겠다'라는 믿음과 의지가 처음으로 생겼기 때문이었다. 나는 바로 이메일을 보냈다. 작가님을 존경하며, 기회가 되면 나도 작가가 되고 싶다는 내용이었다. 성공하고자 하는 나의 열망이 성공의 신을 불러들인 것일까? 뜻밖에도 김 작가님에게서 회신이 왔다. 이 인연으로 나는 글을 쓰는 작가가 되었다.

작가는 특별한 누군가에만 해당되는 직업인 줄 알았다. 우리는 박경리, 조정래 등 유명한 소설가, 베스트셀러 작가들만 바라보며, '나에게는 넘을 수 없는 벽이야', '내가 어떻게 작가가 될 수 있겠어'라고 스스로 한계를 지어 버린다.

이런 생각을 버리기 위해서는 지금보다 의식이 한 단계 더 성장해야만 한다. 나는 김 작가님을 통해 의식성장에 첫발을 딛으며 작가가 될 수 있었다. 또한, 사소해 보이는 것일지라도 내가 '실행'하지 않으면, 나도 몰랐던 뜻밖의 내 재능을 사장시킬 수 있다는 깨달음을 얻었다.

평범한 직장인이 글을 써서 책을 출간하고 작가가 되었다. 이렇게 작가가 된 나의 삶에 변화된 부분이 있다.

첫째, 작가라는 부캐가 생겼다는 점이다. 단조로운 일상에도 변화가 생겼다. 가족, 친구, 동료들이 "이 작가!", "대단해, 일도 하고 책도 쓰고", "이 작가! 다음 책 언제 나와?"라고 물어보는 등 '이 작가'라는 별칭도 생겼다. 또한, 작가가 꿈인 동료의 부러움의 대상이자 롤모델이 되었다.

둘째, 내가 알던 사람들이 아닌, 모르는 사람들과 소통하게 되었다. 책 출간 후 한책협에서 인스타그램 마케팅 수업을 들었다. 인스타그램을 처음 접하며 계정을 만들었고, '작가의 일상'이라는 게시 글을 올리기 시작했다. 경찰관이자 작가라는 타이틀로 활동하며 그렇게 소통을 넓혀 가고 있다. 다채로운 일상을 만끽하는 나날이 행복하기만 하다.

한책협에서 김 작가님을 만나 2권의 책을 출간했다. 이후의 나의 삶은 그 어느 때보다도 풍요롭고 행복하다. 의식수준이 상승했고 멘털은 더 단단해졌다. 남과 비교하는 대신 나만의 인생을 나만의 방식으로 사는 게 최고로 멋진 인생이라는 것을 알게 되었다. 어떻게 앞으로 나아갈지 고민하는 시간이 행복해지기 시작했다. 나의 인생 2막은 이제부터다!

이 책은 책 쓰기로 돈 버는 방법에 관한 이야기

제1판 1쇄 2023년 5월 3일
제1판 2쇄 2023년 5월 10일

지은이 김태광(김도사)
펴낸이 최경선 **펴낸곳** 매경출판(주)
기획제작 ㈜두드림미디어
책임편집 이향선, 배성분 **디자인** 얼앤똘비악earl_tolbiac@naver.com
마케팅 김성현, 한동우, 구민지

매경출판㈜
등록 2003년 4월 24일(No. 2-3759)
주소 (04557) 서울시 중구 충무로 2(필동1가) 매일경제 별관 2층 매경출판㈜
홈페이지 www.mkbook.co.kr
전화 02)333-3577
이메일 dodreamedia@naver.com(원고 투고 및 출판 관련 문의)
인쇄·제본 ㈜M-print 031)8071-0961
ISBN 979-11-6484-549-1 (03190)

책 내용에 관한 궁금증은 표지 앞날개에 있는 저자의 이메일이나
저자의 각종 SNS 연락처로 문의해주시길 바랍니다.